柳都新潟

古町芸妓 あおいの歩く道

小林 信也

development
for the people
and energy.

人に社会にもっとエナジー

株式会社 和田商会
本社／951-8055 新潟市中央区礎町通三ノ町2128番地
TEL(025)223-6681　FAX(025)223-6691

月印石油 株式会社
本社／951-8055 新潟市中央区礎町通三ノ町2128番地
TEL(025)224-2125　FAX(025)223-6691

はじめに

かすかな虫の音(ね)に耳を傾ける。眼が潤み憂いが漂う。細い指先の動きは優しさを運んでくれる……。

古町芸妓のお座敷は、しっとりと、時に賑やかに柳都・新潟の情緒を彩り、おもてなしの限りを尽くす。芸妓さんは日々、新たな時代にふさわしい息吹を吹き込もうとそれぞれの個性美に磨きをかけている。

本書は、新潟日報の情報紙「おとなプラス（おとプラ）」で2020年10月から年末にかけて連載した「古町芸妓　あおいの歩く道」に一部加筆し収録した。「おとプラ」は2016年11月、夕刊に代わる情報紙として発刊した。コンセプトは「おとなの寄り道」。寄り道をたくさんしている人ほど話題が豊富で厚みがあり、本物の実力も身に付けている。「最高の寄り道」が古町花街のお座敷だ。芸妓さんたちを主役に、その舞台となる料亭、供される絶品の料理、そして何よりも日本舞踊・市山流の市山七十郎(なそろう)宗家が、港町の一角に根付いた古町花街文化を「日本文化の総合芸術」の高みにまで押し上げている。

真っすぐに挑戦している人の姿は、私たちの心を熱くし、わくわくさせる。誰もが「いい顔」をしている。連載では、あおいさんを通じて、たくさんの「いい顔」に出会えた幸せがある。

2020年春からは古町花街もまた新型コロナウイルス禍に襲われ大変な苦境を味わっている。アゲンスト（逆風）をまともに受けている。でも、「後ろ振り向きゃフォロー（追い風）さ」。したたかに、しなやかに古町花街は苦境を切り抜けていく。いつの時代でも「本物」は生き残る。本書が応援の一冊となればありがたい。

最後に、執筆者の小林信也さん、リード役を果たしてくれたあおいさんはじめ、取材に協力さらには出版に協賛してくださったすべての皆さんに感謝申し上げます。

2021年3月

新潟日報社代表取締役社長
小田 敏三

あ、ここにもナミックス。

NAMICS

NAMICS CORPORATION

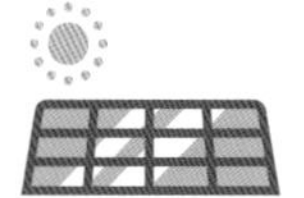

ナミックスは、パソコン、スマートフォン、テレビなど
身近な電気製品に必要な「導電」と「絶縁」の材料を作る
エレクトロケミカル材料の会社です。

導電・絶縁材料のパイオニア
ナミックス株式会社
www.namics.co.jp

●本社・工場／〒950-3131 新潟市北区濁川3993番地
TEL.025-258-5577(代) FAX.025-258-5511
●営業所／東京・大阪
●研究所(ナミックステクノコア)／新潟市北区島見町
●海外拠点／米国、台湾、韓国、中国、ドイツ、シンガポール

柳都新潟 古町芸妓

あおいの歩く道

本書は2020年10月26日から2020年12月28日まで新潟日報「おとなプラス」に連載された「古町芸妓　あおいの歩く道」(全44回)をまとめたものです。出版にあたり、一部加筆修正を行いました。

目次

NSGグループは新潟文化の伝承、発展を応援しています。

〒951-8061 新潟市中央区西堀通七番町1574番地
TEL.025-224-5111(代)

芸妓を体験できる
割烹 螢をもつ
新潟の老舗ホテル

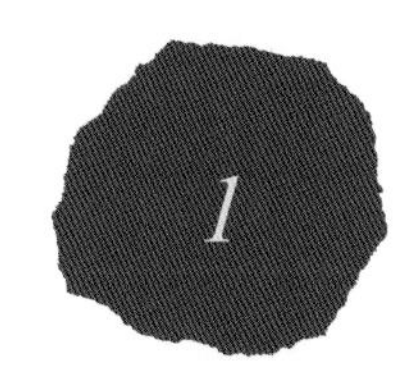

《生業(なりわい)》

感染禍 思いを問い直す

10月に入って、「ようやく古町にも活気が戻ってきました」と、古町芸妓のあおいが快活な声で言った。そしてすぐ、この間の苦悩もまた話してくれた。

「4月、5月は、本当にどうなるかと思いました」

それは、日本中の誰もが感じた不安だったろう。新型コロナウイルスの猛威が世界中を襲った2020年、古町花柳界にとっても、死活問題とすら感じるショックが広がった。緊急事態宣言が出された約2カ月間、芸妓たちの舞台となる料理屋は休業。芸妓衆も必然的に休業を余儀なくされた。

若い芸妓たちが所属する柳都振興は会社組織、芸妓は社員の立場だからまだ基本的な生活は保障される。だが、6年前に柳都振興から独立して一本になったあおい、2019年独立した紅子とあやめはいわば個人事業主だから、お座敷がなければ実入りもない。コロナ禍の直撃を受けた格好だ。

「このまま休業が続いたら、どうやって生活したらいいか。お座敷が再開するまで、お運びでもなんでもして生きていこう。でも、コロナによってお座敷の仕事、古町の花柳界がなくなるかもしれない……」

最悪の事態までが、あおいの頭をよぎった。

古町で有数の老舗の中にも、店を閉めたところがある。店主が高齢化していた店にとって、コロナ禍は廃業の潮時を与える形となった。芸妓がいくら力んでも、料亭が消滅したら舞台を失い活躍できなくなる。

そんな絶望的な休業状態で、あおいは芸妓として生きる自分の人生を嫌でも見つめ直したという。独立した時、覚悟は決めたつもりだが、予想もしないコロナ禍があおいの喉元に再び刃を突き付けた。

「コロナという大災害で世の中がどう変わっていくのか。誰にも読めなかったでしょう。接客が根本的に見直される中で、お座敷でおもてなしをする芸妓文化はどうしたら続けていけるのか」

最悪の状況で、あおいは大切な気持ちに気がついたという。

「私はお座敷が好き。たとえ世の中がどう変わっても、私は生涯の仕事として、芸妓をきわめて行きたい。そう思ったのです。

花柳界で生きることを本当の意味で〈生業〉にしたい。なりわいって、生きる業(わざ)と書きますよね。収入を得るという意味ももちろんですが、同時にライフワーク。芸妓として、自分を磨き続ける、お客様へのおもてなしを磨く。それが自分の道だと改めて決めました」

静かにつぶやくあおいが、なぜそこまで情熱を感じるのか。そして古町の未来のために何を考えチャレンジしているのか。その言葉に耳を澄まし、生き方に目を凝らした。

◆

「柳都新潟 古町芸妓ものがたり」から3年。古町花柳界とそこに生きる芸妓たちはウイルス禍とどう向き合い、乗り越えようとしているのか。それを支えるものとは何か——。現在「古町を代表する芸妓」と呼ばれるあおいさんのまなざしを通して、さらに深く芸妓という生きざまに迫った。併せて、古町芸妓を通した町おこしの取り組みにも焦点を当てる。

(本文は敬称略とした)

舞台で舞う

2

《心得》おもてなしは常に120%

お座敷が好きだ。生涯の「生業」として古町花柳界に生きると決めたあおいに、お座敷の魅力、芸妓のやりがいを尋ねた。すると即座にあおいは言った。

「お座敷には一体感、共有感があるんです。普通なら絶対にお目にかかれない方たちともご一緒できる上に、そうしたお客さまとお座敷を創りあげる。楽しんでいただけたときは、終わったあとの充実感がすごくあるんです。その成功体験の積み重ねで、お座敷が好きになったのだと思います」

花柳界のお座敷は、もてなす側ともてなされる側の一方通行ではない。踊りを披露する芸妓のほかに、地方と呼ばれるお姐さんが三味線や太鼓、長唄などで支える。料理があり、美酒があり、庭があり、落ち着いた佇まいがある。そのすべてが織りなす時空間が花柳界のお座敷なのだ。

「もちろん失敗もたくさんします。お姐さんたちや先輩にしょっちゅう、例えば『新聞を読みなさい』と言われます。一生懸命に新聞を読んで、お客さまとの会話の中で、『最近、火事が多いですねぇ』って言ったら、お座敷が凍りついたことがありました」

あおいにすれば、何げない世間話のつもりだった。ところが、その客の工場が火事を出したばかりだった……。周りはそれを知っている。あおいだけが知らなかった。

しかし、事情を聞けば、仕方のない難しさが背景にある。芸妓衆はほとんどの場合、お座敷の襖を開けるまで、その席にどんな客が待っているのか、知らされていないのだという。予備知識を入れることもできず、芸妓はその場で空気を読み、最高のもてなしをやり遂げるために機転を利かせなければならない。

「楽しいと言っても、そりゃ、辛いこともたくさんあります。9割は辛いことかな。でも、仕事ってそういうものでしょ？　体調が悪いとき、二日酔いの日もあります（苦笑）。それでもお客さまには絶対に感じさせない。苦手なタイプのお客さまも時にはいなさいます。でも、それすらも楽しむ！　なぜなら、プロだから」

お姐さんから教えられ、常に胸に携えている言葉がある。

「芸者衆の仕事は究極の日雇い仕事なんだよって。その日のお座敷では評価はわからない。次にまた呼んでいただいて初めて、お客さまが喜んでくださったことがわかるという意味です。だから常に120パーセントの心構えでお務めするのが当たり前です」

お座敷にはたいてい芸妓のほかに、接待をする側とされる側、双方の客がいる。

「花柳界のお座敷は、接待をなさる側が『次につなげたいからお客さまをおもてなしするお席』ばかりです。その場で終わりではなく、次につながるお手伝いができて初めて、私たちがお役に立てたと言えるのです」

お座敷で踊る

トークイベントで語る

6月に入ると、お座敷に客が戻り始めた。以前のような大人数のイベントや宴席こそ少ないが、少人数の席であおいの手帳も活気を取り戻した。

ところが、ちょっと困った変化が起こっているという。

3 《困惑》お姐さん方不在は痛手

「少人数のお席だと、お姐さん方も気を遣ってくださるのか、私たちや柳都の若い芸妓ばかりでお務めする場合が多いのです。

もし私が一番年上だと、私がお姐さんに代わってお座敷を回す役割をしなければなりません。ところがお姐さんがいないと途端に、お座敷がうまく回らないのです。自分の力不足を嫌でも感じさせられます」

若い芸妓衆、すなわち日本髪姿の振袖さん、留袖さんはお座敷を彩る華やかな存在だ。主に地方を務める、年季の入った丸髷姿のお姐さんたちは目立たない存在のようにも思えるが、実はお座敷になくてはならない重要な役を務めている。それをお姐さんのいないお座敷で痛切に感じるのだという。

「お姐さんがいればいつも何事もなく進むお座敷が、自分たちだけだと全然うまく行かない。お酒が切れる、ワタワタする、いつもの和やかな空気にならないことがあるのです。そこにお料理屋さんの女将さんがいてくだされればまたうまく行くんですね」

古町芸妓は、綺麗に着飾って踊りを披露し、笑顔でお酌を進めれば務まるのではない。入ってみるまで知らなかった、言葉に表せない目の配りや気働きこそが愉快なお座敷の土台になる。それを経験豊富なお姐さん方がさりげなく醸しているのだ。

「入ったばかりのころは、『お座敷を回す』ということさえ知りませんでした。それに気づいたのはしばらくたってからです。

会話を回しながら、時にはお水を勧めたりする。お客さまの会話にも、相槌を打っていいときと、あまり耳を傾けない方がいいときと、空気を読むことが大切です。そういう役回りが面白いなと私は思うようになったのです。でも、お姐さんたちのようにはまだできません」

そこにこそ、花柳界独特の深みと味わいがある。

夜の接客業の世界では、若さや美貌ばかりがもてはやされがちだ。花柳界の魅力を知らない若い客が増えたら、花柳界にもそればかりが求められかねない。しかし、花柳界の品格や奥深さを醸しているのは、確かな芸と技、気働きの妙であることを客もまた学ぶことが花柳界の発展に不可欠だ。

古くて新しい花柳界が、どうしたら未来に夢をつなげて行けるか。

「世の中は5Gの時代になり、ますますグローバル化します。

花柳界も伝統文化のエッセンスを大事にしながら、『おもてなし』を世界に通じるグローバルな言葉として特化したい。古いしきたりをそのレベルまで持っていきたいのです」

そのために、未来へ目を向け、あおいは若い芸妓衆たちと新しい挑戦も始めている。

柳都振興の新人２人のおひろ芽の舞台となった「ふるまち新潟をどり」＝2020年９月20日

4 《成果》賑わいを取り戻す支援

若い芸妓を育成し、置屋として古町花柳界を支える株式会社柳都振興にはいま12人の芸妓が所属している。２０２０年は梨江、いち弥の2新人が加わった。２０２１年春も1人、新人が入る予定だ。

本来は春に「おひろ芽」をするのが恒例だが、２０２０年はコロナ禍で秋に延び、9月20日の「ふるまち新潟をどり」がおひろ芽の舞台となった。

柳都のお母さん役を務める支配人の棚橋幸に聞くと、

「お座敷は休みでしたが、その間もずっとお稽古を続けていました」

そう教えてくれた。

お座敷こそなかったが、“柳都さん”たちは芸妓として毎日を過ごし、稽古に専念していた。そして、

「10月に入って、ずいぶん忙しくなってきました。新潟市と新潟商工会議所のみなさんが支援してくれた影響も大きかったと思います」。

古町に活気が戻る後押しになったのが、「Go To キャンペーン」の古町版とも言うべき、「古町芸妓派遣事業」だ。窓口になったのは新潟商工会議所が事務局を務める「古町芸妓育成支援協議会」。

事務局の担当者が言う。

「コロナ禍で打撃を受けた新潟三業協同組合から、新潟市と新潟商工会議所に支援の要望がありました。芸妓さんにとってどんな支援がいいのか、検討した結果、『新潟市新しい観光スタイル推進協議会』による支援事業が決まりました」

それは、「特別な時を演出する『お座敷体験』プレゼント」と名付けられ、10月1日から始まった。

内容を聞けば、利用者には願ってもないキャンペーンだ。

支援事業の対象になっているお料理屋さんに連絡し、席と芸妓の予約を申し込む。利用の人数や条件に合っていれば、芸妓の花代と交通費を協議会が負担してくれる。つまり、利用客は飲食費を支払うだけで、芸妓とのお座敷が楽しめる。

花代に充てる予算が準備され、２０２１年1月末日までの予定で公募されたが、募集してすぐ想定していた席数が予約でほぼ埋まったほどの盛況だった。

支援の名目は花代だが、「お座敷体験」の名のとおり、予約客が増えればそれは料理屋の利用にもつながる。芸妓だけでなく、古町花柳界全体に賑わいを取り戻す契機になるよう意図されている。行政が芸妓文化を支援してくれた意義は大きい。

「5月25日に緊急事態宣言が解除された後も、古町の活気はすぐに戻りませんでした」

と前出の担当者は語る。新潟市の幹部をはじめ行政も、古町花柳界と芸妓文化が新潟の大事な財産だと認識している。

「だから、なんとか応援しようと危機意識を共有しました」

コロナ禍は大きな試練だが、それで行政と花柳界が互いに行動し、知恵を絞り、協働して取り組むひとつの成功例を共有したことは、古町花柳界の未来に向けて大きな成果だ。

5

《新風》若い世代へ魅力を発信

新潟商工会議所の会議室で開かれた「古町芸妓ブランディング会議」＝2020年７月29日

あおいは独立し、置屋「津乃」を開いたが、芸妓としてのあおいを一から育ててくれたのは株式会社柳都振興だ。独立はしたが、いまもなお支度など、柳都振興の助けなしにはお座敷に出ることはできない。お座敷で一緒におもてなしをする仲間は、お姉さんたちとそして柳都の後輩たちだ。

「毎日、お座敷で一緒にお客さまをおもてなしするのは、柳都の芸妓さんたちですからね」

あおいにとっても若い芸妓の成長は重要な生命線だ。柳都振興の繁栄と、言葉がなくても思いの通じる若い芸妓の存在がなければ、お座敷の充実は望めない。

柳都振興の代表取締役社長・和田晋弥とも時折、情報交換を重ねている。その席で、柳都振興をもっと活性化するためにどうすればいいか、あおいの話したことがきっかけで、いまひとつのプロジェクトが進んでいる。

それは、「古町芸妓ブランディング会議」と名付けられ、着々と実現に向かっている。相談を受けて、まとめ役を担当する新潟商工会議所の担当者・三原茂が話してくれた。

「柳都振興の芸妓さんたち自身に考え、相談してもらって計画を進めています。いま決まったのは、柳都振興の新しいロゴマークを創ろう、これをデザインコンペで決めようというアイデアです」

集まって話し合うのは柳都振興の芸妓さんたちだが、会議にはあえて新潟商工会議所の会議室を使った。これはあおいの助言だったという。

「柳都の若い芸妓さんにとって普通の会議室で会議をするような社会経験もすごく重要だと、あおいさんが提案してくれたのです。

これまで3回、全員で打ち合わせをしました。

ブランディングの専門家を講師に招いてレクチャーを受けたり、グループワークで『古町芸妓とは何か？』『自分たちの何を見てほしいのか？』といった議論をしたり。すでに3回の会議を重ねて方向性が固まりました」

今後は柳都の各世代から3人のリーダーを選び、3人を中心に具体的な実務作業も進められた。ロゴマークの募集要項を作り、２０２０年12月には募集を始めた。

１月末に締めきった時点で４８４作もの応募が集まったほど、反響は大きかった。県内外、むしろ県外からの応募が多かったという。

「柳都にはインスタ部隊もあって、ＳＮＳの発信もがんばっているんです。ＳＮＳだと反応が返ってくるし、若い人たちにも古町芸妓のことを伝えやすいので」

あおいがうれしそうに言う。古い伝統文化を守ることにこそ古町花柳界の基盤はあるが、新しい時代に寄り添って、その魅力をどう訴求するかは重要だ。

いま、若い世代に古町花柳界の素晴らしさがきちんと理解され、伝わっているとは言い切れない。柳都振興と行政、そして独立したあおいらが一体となった取り組みは古町に新たな風を起こそうとしている。

往事の花街の賑わいを伝える旧三業会館前の案内板＝新潟市中央区

古町花柳界が賑やかだった明治の時代、古町には４００人を超える芸妓衆がいたという。

　西堀の旧三業会館前にある『新潟市街角歴史案内』の碑に往時の活気がうかがえる。お堀にかかる橋の上を、

6

《育成》花柳界の火消さぬため

ズラリと並んだ芸妓衆が埋め尽くし、盆踊りを踊っている。見るからに壮観。堀に浮かぶ舟にも大勢の芸妓が乗り、華やかさがあふれている。

　いまも古町で活躍する70代のお姐さん方がお座敷に出始めたころでさえ、「２８０人いた」と言うからその華やかさは戦後もまだ続いていたのだ。しかし、社会の変化とともに、花柳界がほぼ独占していた夜の社交や男性たちの歓心は次第に他の業態へと分散していった。

　昭和40年、１９６５年ごろには80〜１００人ほどに減り、さらに「昭和の時代が終わるころには、新たに芸妓になる若い女性は皆無になった」という現実は、前回の連載「古町芸妓ものがたり」でも記したとおりだ。

　その状況を打開し、「会社組織で古町芸妓を育成し、古町花柳界の存続と繁栄を支援する」趣旨で設立されたのが、柳都振興株式会社だ。87（昭和62）年12月に創立、すでに33年の歳月を重ねた。柳都振興が誕生しなければ、古町花柳界の火は消えていただろう。老舗の料亭とベテラン芸妓のがんばりで辛うじて維持していたとしても、未来を展望することはできなかった。

　いま、柳都振興には12人の芸妓が所属している。すでに独立したあおい、紅子、あやめの3人を加え、柳都振興が育成した古町芸妓15人が連夜お座敷を彩っている。この春、また1人新人の採用が決まっている。

　「芸妓衆が25人はいないと、古町の花柳界は回らないと言われています。いまは何とか、その数を保っていますが……」

　あおいが教えてくれた。柳都振興ができる前から活躍しているベテラン芸妓衆10人が主に地方（じかた）としてお座敷を務めている。おかげで古町は25人のラインを保っているが、うっかりすればその規模を割り込みかねない。

　私自身、危機感を覚えたのは、古町を離れる若い芸妓さんが予想以上に多いと知ったからだ。

　結婚、転職など理由はさまざまだが、前作を出版してわずか2年の間にすでに5人が新たな道へと巣立って行った。転職もしやすい、多様な時流を反映している。

　柳都振興は毎年1人か2人を採用し、育成している。このペースでは現状維持か、減少傾向になる。着実に陣容を充実させ、繁栄の方向に向かうにはもっと多くの志願者を集め、増強する必要がある。

　「芸妓の魅力をもっと伝えたい。芸妓になりたいと思う女子高校生、将来はお座敷に行きたいと思う男の子をどうしたら増やせるか」

　あおいのつぶやきは、古町花柳界の真剣な課題そのものだ。日々お稽古に励み、お座敷を務める傍らで、あおいは先輩たち後輩たちとそのことを考え、行動し始めている。

7

《誇り》

心尽くす水商売のプロ

「悩んでいる後輩から相談を受けることもあります」

あおいが言う。あおいは柳都振興から独立した身だが、一緒にお座敷を務める柳都の若い芸妓たちは大事な仕事仲間であり、かわいい後輩たちだ。

高卒なら18歳、大卒なら22歳で柳都振興に入社し、ゼロから芸妓の修行を始める。いろいろな意味で他の仕事と違うところが多い。特に大きく違うひとつは、芸妓を志す誰にとっても、「お座敷」は未知の空間。実際には見たことも経験したこともない職場だという点だ。

いまの日本で、「お座敷で芸妓さんとの宴席に出たことがあります」という少女はほとんどいない。プロ野球の試合を見て、選手に憧れ、「自分もなりたい」と夢見て目指すのとは少し違う。志願者たちに見えているのは綺麗な着物と日本髪、白塗りのお化粧。優雅に踊る芸妓さんの姿であって、それは仕事の一面でしかない。

花柳界には、実際に飛び込んでみなければわからない仕事の機微もある。仕事を始めてようやく現実に出会い、戸惑う日々を重ねる。同じ道を通ってきた先輩芸妓として、彼女たちの悩みがよくわかる。

芸妓の仕事とは何か。その実態をつかめずに悩み苦しむ日々もある。入る前に想像していた世界と実際とのギャップもそれぞれ感じるだろう。

「例えばこんなこともありました」と、あおいが話してくれたのは、悩める娘(あおいにとっては後輩芸妓)を案じて新潟を訪ねて来た母親と会ったときのことだ。彼女と彼女の母親を自宅に招いて食事をした。その席でお母さんが恐る恐るあおいに聞いたという。

「芸妓さんは日本の伝統文化であって、いわゆる水商売ではないんですよね?」

聞かれて、あおいは複雑な思いにかられた。水商売ではありません、そう答えれば母親は安堵(あんど)するのだろうと感じた。しかし、それでは芸妓が日々向き合っている仕事の本質をしっかり理解してもらえない。肚(はら)を決めて、あおいは答えた。

「いいえ、お母さん。芸事(げいごと)はしますけど、芸妓は水商売そのものです。お酌もすれば、お客さまに勧められた盃(さかずき)もいただきます」

その言葉に母親の表情が曇った。あおいは毅然(きぜん)と続けた。

「おもてなしが芸妓の仕事です。芸を磨き、誇りを持ち、普段はお会いできないような政財界のトップの方々ともご一緒する。どんなお客さまにも喜んでいただけるよう、心を尽くしてお務めをする。中には酔っぱらって誘ってくるお客さまもいます。それを全部綺麗にかわして笑顔でお送りする。私たちは『水商売のプロフェッショナル』です」

その言葉で、母子ともに表情が変わった。そして、お母さんが言った。「それを聞いて安心しました」。芸妓には、磨き上げたプロとしての芸があり、心があり、誇りがある。

磨いた芸で見る者を魅了する

石畳が整備された白壁通り＝新潟市中央区

8

《喜び》共有する「特別な空間」

「お座敷が好きだ」とあおいは言う。古町のお座敷は、経験した者でしかわからない「特別な空間」だ。お座敷に座るだけで、日常の忙しさから解き放たれる。

例えば、新潟を代表するふたつの料亭、鍋茶屋と行形亭はいずれも江戸時代から続く歴史と格式を持っている。

鍋茶屋は古町の一角、通称・鍋茶屋通りを入った街並みからすでに時代を超えた佇まいを醸している。

西大畑の行形亭もまた、旧齋藤家別邸の角を曲がって白壁通りに入るとそこは令和、平成を飛び越えて、昭和いやもっと古の風情に包み込まれる。4年前、路面がアスファルトから石畳に一新され、いっそう情緒を増した。

和室で過ごす時間が失われつつある現代にあって、座布団に身体を預け、畳を肌で感じる、それだけで懐かしい心地よさに包まれる。そして、艶やかな芸妓さんが登場すれば、そこはもう時代を超えた非日常の異空間以外の何物でもない。

「お座敷には、お座敷特有のよさがあります」

あおいが教えてくれた。

「私は、あなたたちだけのために綺麗にして来ました、それが芸妓です」

その言葉を聞いて胸を突かれた。

筆者は取材・撮影のため、午後の早い時間から支度を始め、自ら白塗りのお化粧をし、手伝ってもらって振袖や留袖に着替える芸妓さんたちの様子を見せてもらったことがある。準備に長い手間がかかる。これが芸妓さんの日常なのだと何となく理解したが、実はそうではない。

今日お会いするお客さま、そう「あなた」のために、それだけの手間をかけ、東京まで出掛けて設えた日本髪やお化粧道具、高価な和装を纏っているのだ。舞台に立つ役者さんたちが、数百、数千のお客さまのために着飾るのと違う。わずか数名のお客さまをお迎えするために、古町芸妓は装うのだ。

「お座敷は閉じられた空間です。そこにはちょっとした秘密の共有感があります。その秘密めいた楽しさに気づいてもらえたとき、お客さまが『オレ、もてなされているぞ』と、こちらの思いが伝わったとき、最大の喜びを感じます。それがやりがいですね」

おもてなしの仕方はもちろんワンパターンではない。その日のお客さまの表情、お座敷の雰囲気によって臨機応変に変えなければ最善のおもてなしにはならない。

「日によっても違いますよね。それがバチッとはまるとホッとするし、うれしいです」

いまあおいは、お客さまを見ているだけではない。

（後輩がお座敷を楽しんでいるかな）

それも気になる。駆け出しのころ、あおいも無我夢中で、何もわからず先輩についていくのが精いっぱいだった。早くお座敷の楽しさに気づいてほしい。芸妓の喜びに目覚めるのは、そうした成功体験の積み重ねだから、後輩たちに喜びを重ねてほしいと願っているのだ。後輩の成長と目覚めが、古町花柳界の発展には不可欠だから。

目指せ！ケンジュ日本一!!

新潟県は、健康寿命が全国トップクラスの「健康立県」の実現に向けて取り組んでいます。

ケンジュとは健康寿命のこと。

**普段の会話に出てくる“寿命”は平均寿命ですが、
健康寿命と平均寿命の差が長くなると、
寝たきりや介護を必要とし、
日常生活が制限のある期間が長くなります。**

食生活
早期発見
早期受診
たばこ
デンタル
ケア
運動
生きがい
幸福度

健康立県 5つのヘルスプロモーション

健康づくり県民運動「ヘルスプロモーションプロジェクト」「生きがい・幸福度」を軸に
テーマ別に健康づくりを展開

■健康寿命 都道府県ランキング（2016年）

男性		
1位	山梨	73.21
2位	埼玉	73.10
3位	愛知	73.06
⋮	⋮	⋮
10位	新潟	72.45

女性		
1位	愛知	76.32
2位	三重	76.30
3位	山梨	76.22
⋮	⋮	⋮
11位	新潟	75.44

［出典］ 厚生労働省「健康日本21（第二次）推進専門委員会資料」

■平成28年

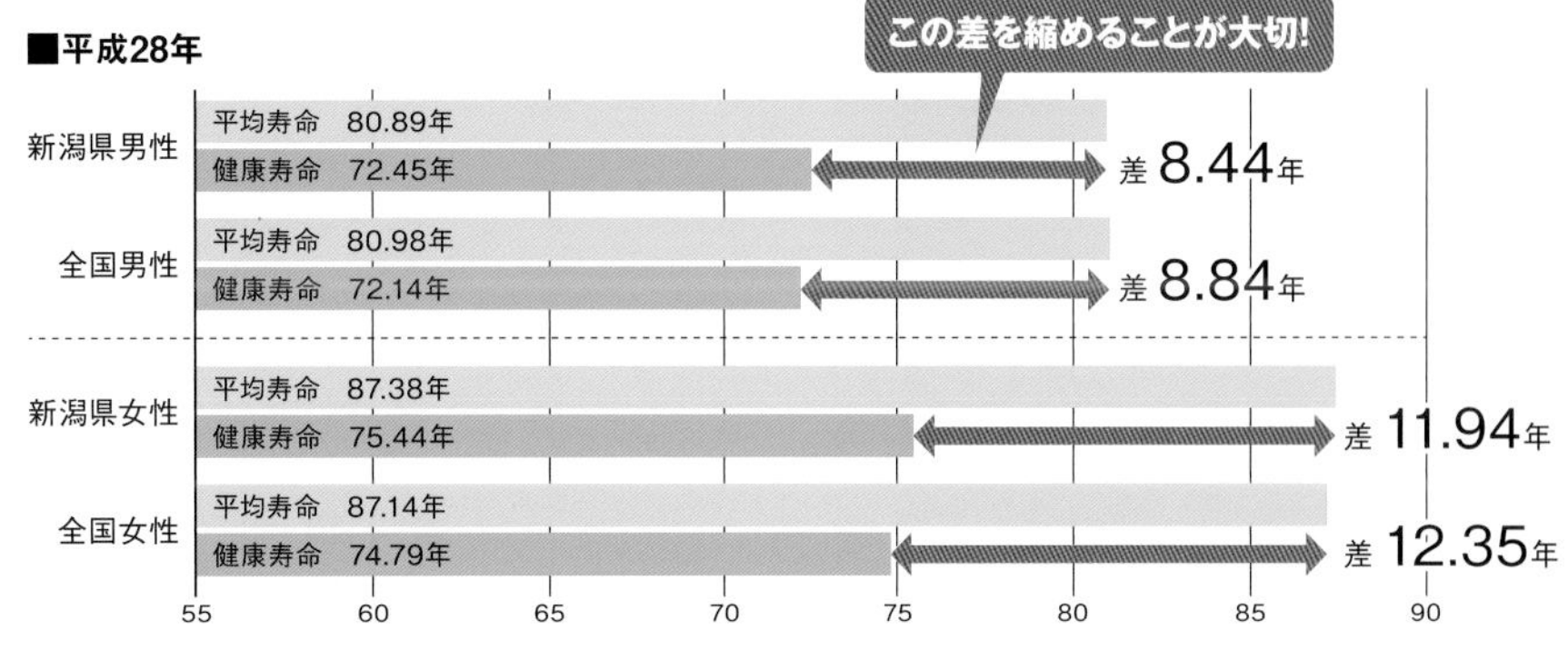

［出典］ 平均寿命／厚生労働省「簡易生命表」新潟県「簡易生命表」 健康寿命／厚生労働省「健康日本21（第二次）推進専門委員会資料」

BSN新潟放送は県民の皆様に「いつまでも健康で楽しい毎日」を送ってもらうことを目的に『BSNにいがたケンジュプロジェクト』に取り組んでいます。これからも、BSNは県民の皆様に健康寿命を延伸し、いつまでも健康で自分らしく毎日を送るための有益な情報を発信・企画展開していきます。

BSN新潟放送

BSN ケンジュ

新潟市中央区川岸町3-18 TEL.025-267-4111㈹ https://www.ohbsn.com

信頼される安心を、社会へ。
SECOM

新潟を、群馬を、長野を、セコムする。

新潟県のデンカビッグスワン、HARD OFF ECO スタジアム新潟。選手が、観客が、心おきなく競技に集中できるようにするのも。群馬県の楽山園。織田家ゆかりの大名庭園に流れるゆったりとした時間を守ることも。長野県の善光寺。この歴史的建造物を、次の世代へと遺していくことも。すべて、わたしたち、セコム上信越の仕事です。セキュリティの先駆者として、もっともすすんだ安全・安心を新潟・群馬・長野３県のみなさまにお届けします。

0120-126-756（24時間・年中無休）　セコム上信越株式会社

本物のステージが魅せる迫力。肌身で感じた実体験は、

多くの人の心に大きく響くに違いありません。

その感動を子どもたち、さらにその先の子どもたちへ遺してゆきたい。

これからも変わることのない清水建設の想いです。

感動の場を創造し、守り続けることも、

「子どもたちに誇れるしごと」のひとつです。

子どもたちに誇れるしごとを。

SHIMIZU CORPORATION

清水建設

「ありがとうの心」と
ともに歩みます

新潟綜合警備保障株式会社
新潟市東区小金町１丁目17番20号
TEL：025-274-1965

《矜持》誤解を解き正道伝える

コロナ禍で、筆者も自粛生活を続けてきた。2020年3月下旬からほとんど自宅周辺しか出歩かなかった。都心に出たのも数える程度。7カ月以上、東京都から外へ一歩も出なかった。10月末になって、初めて東京の境を越えた。向かった先は新潟である。

「これから新潟に行って、芸妓さんたちと久々の宴です」

自宅近くの馴染みの店でランチを食べながら女将に話すと、目の色を変えて責められた。家内に同情するように、せいぜいお楽しみください、などと皮肉めいた科白を浴びた。

(ずいぶん誤解されているのだな)

私は「そういう席じゃなくて」と反論したが、女将は聞く耳を持たなかった。つくづく、芸妓文化への理解の浅さを思い知らされた。まだかなりの割合で、芸妓さんと言えばそのような不埒な遊興の対象だという先入観が一般女性の間にあるのだ。

古町芸妓の活躍ぶりが報じられ、実際に踊る姿に触れる機会の多い新潟市民には理解が広がっているだろうが、全国的にはまったく足りていない。店のご主人が、助け船を出そうと思ってくれたのか、「芸者さんといえば、酒田も有名ですよね」と言った。その科白は私をいっそう落ち込ませた。酒田は彼の耳に届いているが、古町は聞いたことがないという意味だ。しかも、酒田と古町の芸妓文化の違い、古町ならではの素晴らしさなどは想像すらされていない。

芸は売っても身は売らぬ。それが古町花柳界の流儀であり誇りだ。お座敷に「色恋はない」と言い切るのも野暮だが、男女の情愛が常に露わにあるような、いわゆる「夜の接待」の世界ではない。ところが、客の方がその流儀、古町芸妓の気位を知らず、勝手に勘違いし色恋を持ち込もうとする場合も時にはある。中には執拗な客もいて、若い芸妓を困らせる。

「それでも角が立たないように、やんわりとお断りするのですが」、あおいがそう言いながら、表情を厳しくした。

「どうやらお座敷を間違えたようです、と言って、席を立ったこともないわけではありません」

私と一緒にその話を聞いていた後輩芸妓が、真剣な顔であおいの言葉に耳を傾けている。

「帰り際に、熱心に誘ってくださるお客さまもいます。表情を見て、軽い冗談で返せる相手ならまだいいのですが、そうでない人も中にはいらっしゃいます」

お座敷は閉ざされた異空間。そこでは親しい関係だが、あくまでもその異空間が芸妓とお客のおもてなしの世界なのだ。その一線を厳しく守るのは古町芸妓の矜持だ。

芸を磨き、芸を売るプロフェッショナルだが、それをわきまえない客がいるのもまた現実だ。古町芸妓への誤解を解き、正しく芸妓文化の正道を世間に伝え、認識を変えることも、現代の花柳界に生きる古町芸妓たちの務めなのである。

芸妓や花街文化についての情報発信も務めの一つだ

10

《稽古》積み重ね伝統文化担う

「ふるまち新潟をどり」に向けた稽古。左は指導する市山七十郎さん

古町芸妓にとって、自分が伝統文化の担い手であり、特別な「おもてなし」を受け持つ和のプロフェッショナルだというプライドはやはり芸事を極めることとつながっている。

日本舞踊、三味線、長唄、鳴り物（鼓、大鼓、太鼓）などを習い、稽古を重ねる。現代の日本で、これだけの芸事を日常的に重ねている女性は残念ながら少ないだろう。踊りだけ、三味線だけを習っている女性はいても、総合的に、しかも超一流の師匠に弟子入りして学ぶ環境に恵まれているのは柳都振興に入社し、古町芸妓を志してこその特権だと言っていい。

彼女たちは毎年春、「華つなぐ道」（古町芸妓育成支援事業成果発表会）と銘打つ舞台に立っている。りゅーとぴあ能楽堂で行われるこの舞台は、日ごろの稽古の成果を披露する発表会。その趣旨に添って、白塗りをせず、日本髪も結わず、稽古着でのおさらい形式で行うのが特徴だ。芸妓たちは、踊りだけでなく、演目によって、三味線、太鼓、笛など、1人でいくつもの役を務める。当日の緊張感もさることながら、当日まで待ったなしの厳しい稽古が続く。その積み重ねがまた若い芸妓を触発し、成長を促す。

その舞台は、新たに入社した新人芸妓にとっては、おひろ芽前に初めて舞台に上がる機会でもある。まだ初稽古から1カ月足らず。右も左もわからない中での最初の目標にもなっている。

ところが、2020年は「華つなぐ道」もコロナ禍で例年どおりには開催できなかった。お座敷が休業になっただけでなく、大きな目標であり、やりがいでもある「舞台」の一般公開が自粛になったのだ。

次の大きな舞台は秋の「ふるまち新潟をどり」。古町芸妓が総出演する華やかな舞台だ。こちらは稽古着でなく、艶やかな衣装をまとい、白塗り、日本髪、あるいは演目の役柄に合わせた姿に変身して踊る。古町芸妓の日本舞踊の師である市山流七代目家元の市山七十郎師匠が話してくださった。

「ふるまち新潟をどりも、コロナでできるかどうかわかりませんでした。けれど、やれるとなった時に困らないよう、ずっとお稽古を続けていました。お座敷が休みになった分、お稽古はしっかりできました。普段なら、お座敷で踊る演目のお稽古も必要ですから、新潟をどりの演目だけをお稽古するわけにいきません。そういう意味では、かえって集中できました」

観客の数を制限して実施する方向で動きだしたのは暑い夏の盛りだった。築100年にはなろうかという古い木造、町屋造りの稽古場には冷房設備がない。風通しのいい窓を開け放ってはいるが、芸妓たちは汗を滴らせて稽古に励んだ。演目は、市山師匠が芸妓それぞれの成長や課題、全体の構成に気を配って決める。2020年の新潟をどりに向けて、市山七十郎師匠があおいに投げかけたのは、「凍る夜」という演目だった。

《挑戦》主人公の気持ちを表現

「ふるまち新潟をどり」は2020年9月20日、予定どおり開催された。柳都振興に入社したばかりの2人の新妓、「梨江」と「いち弥」のおひろ芽もここで行われた。

この年の新潟をどり、日本舞踊の師である市山七十郎師匠からあおいがいただいた演目は、「凍る夜」だった。

「踊りというより、お芝居的な演目です」

市山師匠が教えてくれた。

「普通の踊りとは少し違います。さりげない仕草や表情で心情を伝えなければいけません」

あおいにとっては、また一つ、難しい挑戦となった。

あおいが言う。

「市山のお師匠さんの教えてくれる『凍る夜』のストーリーを、心で感じられるように取り組みました」

踊りの振りというより、踊る気持ち、主人公の気持ちになることが前提だ。

あらましはこうです、と言って、あおいが話してくれた。

「江戸かどこかで芸者をやっていた女性が、故郷の十日町に帰ってきた。そこで幼馴染みの男性と再会し、焼け木杭に火が付いた。

2人で過ごした次の朝、寒い早朝です、目をさまして、水でも飲もうかと布団を出て、着物も髪も乱れたまま。昨夜の余韻がどこかに残っている。すると、男が起きてきて、そっと手を引かれる。

その時、どこからか、明けの鐘が鳴る……」

ここまで聞いただけでも、胸が小さくざわめく。そして、

「男を、奥さんの元に返さなきゃ……。男はやがて出ていく。女は、追いかけようとして、止まる。やるせない思いが交錯します。追いかけたい、けれど、追いかけようとした自分にも腹が立つ」

そんな複雑な思いをかきたてるように、切ない曲が流れる。その場面、その心情を表現するのが「凍る夜」。

「踊りというより」と市山師匠が言ったのは、まさにあおいが話してくれた主人公の哀切をお芝居の一場面として表現する。しかしそれはお芝居であってやはり日本舞踊で、日本舞踊であってまたお芝居だという、市山流の真骨頂ともいえる演目だ。

あおいは、どんな表情でこの「凍る夜」を演じたのか。

いかにも艶っぽく、表面的なストーリーどおりに表現したら、鼻につく。客から見たらいやらしくも見えるかもしれない。

相手に奥さんがいると知りながら「ひと夜」を過ごした女に、見る者が共感を重ね、同じ哀切を抱いてくれるかどうか。そのためには、主人公が後ろめたさを感じ、一方で故郷を出る前からずっと携えていた密かな思いを実らせた幸福感に包まれ、それでいて未来を描けない、複雑に揺れる姿を絶妙な程よさで演じなければならない……。

「ふるまち新潟をどり」で舞台に立つあおいさん

12

《永遠》
芸の道に満点ありえず

あおいが演じた「凍る夜（よ）」は、華やかな踊りの「振り」で観衆を引き付ける演目ではない。

日常のごく自然な動作や振る舞い、踊りとも言えないような所作の奥から、色気や情緒を忍ばせる。はっきりと目に見える形では興ざめだ。一見、何事もないクールな表情でいながら、身体のどこかに激しい感情が垣間見える。隠しているはずの色気や激情が隠し切れずに、きらりと光ったその瞬間に、観衆は密（ひそ）かな衝撃を受ける。すべての人が気づくかどうかはわからない。だが、観衆はそれぞれ、そのような気配を自分だけが見つけ、感じたときに常識を超えた、新しい感性の世界に導かれる。芸術とは本来、そのようなものであるかもしれない。

「芸の道には、『これでいい』はありませんからね」

師匠の市山七十郎（なそろう）が、言う。

「ふるまち新潟をどり」であおいが「凍る夜」を演じ終えたとき、観衆は魅了され、大きな拍手が送られた。

だが、芸の道が求める境地はまだ遠い。

「まだ半分にも到達していない」と、師匠は当然のようにつぶやいた。「色気も情緒も、まだまだです」

それはあおい自身が誰よりもわかっている。

「未熟なのはわかっていて踊りますからね」

あおいの言葉が、胸の奥に刺さった。満点はありえない宿命を知って舞台に立つ厳しさ。

善意の応援者たちは、「ベストを尽くせばいい」「よかったよ」と声をかけてくれる。だが、どんなにベストを尽くしても、いまできる最高の踊りができたとしても、芸の道半ばを歩む者は所詮（しょせん）、山の裾野を登っているにすぎない。思い描く演技の半分にも満たない。だからといって、頂きを仰ぎ見て進むことはやめない。それが、芸の道。

「凍る夜」の短い舞台の中で、どうしたら、主人公のはかない思いを色気や情緒を込めて踊れるのか。舞台までの稽古の日々は、あおいの内面との葛藤の積み重ねでもあった。端からは度胸がよさそうに見えるあおいも、舞台に上がる緊張は半端ではない。

「あの日、私、扇子を持って出るのを忘れたんです」

あおいが苦笑した。やはり、よほど緊張していたのか、踊りに集中していたのだろう。

「糸車を回すときに扇子を使うのです。そのときになって、扇子を忘れたことに気がつきました。お客さまに気づかれちゃいけませんから、平気な顔をして、扇子なしで糸車を回しました」

それだけでも容易ではない芸当だ。もし入門したての1年生が大切な道具を忘れて出たら、それだけで動揺し、踊りがめちゃくちゃになるかもしれない。だが、動じないたくましさ、まさかの事態を瞬時に乗り越える機転と図太（ずぶと）さをあおいは備えていた。それは、元来の度胸のよさだけでなく、知らずしらず、花柳界で培われた素養かもしれない。

舞台で舞う市山流宗家・市山七十郎さん

《磨く》お座敷も恋もすべてが糧

「色気は出すものじゃない、自然とにじみ出るものだよ」

あおいの師匠、市山七十郎は言う。踊りの稽古を積んだからといって、すぐに変わるものではない。長い年月を経て、自然と練り上げられていく。

「人生経験が足りないね」

これは古町花柳界の先輩であるお姐さん方からしばしば言われる。

「いい恋をしないとね。惚れなきゃだめだよ」

お酒を飲みながら、そんな風に言われたこともある。忌憚のない、芸歴60年を越えるお姐さんたちの助言には返す言葉がない。

「芸に惚れ、人にも惚れ、とにかく惚れて生きなければ芸は磨かれない」

そんな花柳界の金言を、理屈抜きに理解できるのは、昭和の時代に生まれ育った世代だろう。あおいは肌でその金言を悟れるぎりぎり最後の世代、いやそういう感性を持っているようだ。

しかし、さらに若い、20歳前後の世代はどうか。彼らの琴線に触発するもっと別の表現や体験が必要になるかもしれない。あおいは、その導き役も担っている。

「私たちは、舞踊家として稽古をしているけれど、芸妓として芸で食べている人間です」

あおいが言った。それは、あおいのプライドであり、宿命をも意味している。

市山七十郎師匠は、それをこんな言葉で表現してくれた。

「色気といったら、私なんかよりあおいたちの方がよほどあって当然でしょう。毎日、お座敷に出ているのだから」

その言葉で、芸妓がお座敷に出るもうひとつの意味を知らされた気がした。

2019年のNHK大河ドラマ「いだてん」は、1964年の東京オリンピックにまつわる事実を同時代の落語家たちの成長と絡めて描いた物語だった。その中に印象的な場面があった。

若き日の古今亭志ん生と三遊亭圓生が慰問先の大連で終戦の混乱に直面、命からがら逃げ帰った東京で、別れ際に寂しい笑顔でこんな科白を交わし合う。

「これでも、芸の肥やしにはなっているよな」

落語家は、話の筋を暗記し、滑舌よく語れば十分ではない。味があり、迫りくる情感が伝わり、「うまい」を超越した芸の域に達してこその名人芸なのだ。

古町芸妓にとっての日本舞踊も同様かもしれない。うまいだけでは足りない。どうしたら色気がにじみ出る？　どうしたら情感のにじみ出る踊りになる？　その手がかりがお座敷にある。

芸の肥やしとは、直接的な稽古や練習に限らない。

一見、つながりがなさそうな経験も芸の隠し味となり、身体に染みた情感になる。日々のお座敷は、古町芸妓にとって大切な活躍の場であると同時に、舞踊家として願ってもない鍛錬の場でもある……。

凜とした佇まいを見せる稽古中の市山七十郎さん

《憧れ》「新潟古町」で踊りたい

「新潟には市山流がある。それが、私が新潟で生きる理由です」

3年前、取材にきっぱりと答えてくれた千秋は、古町花柳界に入って8年目を迎えた。

鹿児島県種子島の出身。それまで20年以上、新潟県内の出身に限って志願者を募集していた柳都振興が、県外出身者に門を開いた。すると最初にやってきたのが、千秋だった。新潟から遥か遠い鹿児島の、しかも離島の種子島。不安や戸惑いは本人だけでなく、迎える側にもあった。

「どうしても真剣にお稽古事を習いたい」

それが千秋の志望動機だった。お座敷の仕事には関心が薄かった。幼いころから親しんでいた踊りを習うことが仕事になる、中学生のとき柳都振興の存在を知って以来ずっと千秋は高校卒業後の進路を「新潟古町」と決めていた。芸妓の詳しい仕事やお座敷の様子を千秋が知る由もなかった。

故郷を遠く離れ、南の島では見たこともなかった雪景色の町で暮らす年月には、1人で乗り越えるには難儀な苦悩もあっただろう。でもいつも千秋は、新潟には市山流がある、自分には踊りがある――その思いに支えられて来た。

あおいが、「芸妓は水商売のプロフェッショナルだ」と言い切る心根に、ただ夜の宴席の接待役ではなく、日本舞踊を中心とする芸事を磨いてこその芸妓だという自負があるように、千秋もまた、芸を磨き、芸を極める生き方で自分の内面を太くしてきた。

2020年の「ふるまち新潟をどり」、千秋が1人で踊ったのは「操三番叟」だ。千秋が操り人形に扮して踊る。後ろで糸を操る役は先輩芸妓のあやめ。1部では同じ演目を結衣が踊り、2部で千秋が踊った。

「ばかよかったわ。よくがんばったね」

久しぶりに招かれたお座敷で千秋に会った。自ずと新潟をどりの話題になり、千秋の操三番叟の出来栄えをお姐さんが讃えた。馴染みの客が顔をそろえる気の置けない宴席とあって、「普段の踊りの動きと全然違うので、難しかったです」。千秋が、はにかみながら言った。いつもの千秋らしい、少しおっとりした調子で。

「飛んだり、撥ねたり、いつもの踊りにはない動きばかりで」

企業同士の接待の席では、このような芸妓個人の舞台の話題が酒宴を盛り上げることは少ないかもしれない。

だが、古町花柳界を愛する馴染み同士が囲む宴席では、芸妓の舞台や成長を語り合う楽しみがある。そんな和やかさが、お座敷をこの上ない幸福感で満たしてくれる。

古町のお座敷を愛する誰もが若い芸妓の成長と、彼女たちがその仕事にやりがいを感じ、喜びを感じてくれることを心から望み、願っているからだ。

「操三番叟」幕前

15

《境地》感情捨て役になり切る

古町芸妓にとって稽古の集大成となる「ふるまち新潟をどり」の舞台

糸繰り人形の踊りがあるなど知らなかった千秋は、演目が決まってから、師匠である市山七十郎が国立劇場で演じた「操三番叟」のビデオを見せてもらった。

「すごいなあ、普段と形が全然違う。踊りだけれど、操られているマリオネット。私にこれができるだろうか……」

感嘆と不安が最初に広がった。けれど同時に、「自分がこういう踊りをさせてもらえると思っていなかったのでビックリしました。わくわくドキドキ、楽しく踊らせてもらえました」

稽古を始めて舞台に上がるまでのやりがいと苦労を千秋が教えてくれた。

「難しかったのは、黒目の動きです。人形だから、黒目を動かしてはいけないんです。黒目を動かすと人間になってしまうので」

普段の踊りでは、まなざしが大切だ。ほんのちょっとした目の動き。上目遣い、うつむき加減、流し目等々、その方向や、顔と目を微妙にずらすなどの動きで感情と艶っぽさを表す。洋風な生活様式と欧米人的なダイレクトな感情表現に慣れ、普段から和の所作を失くしつつあるいまの日本人は、そうしたまなざしを自然と身につけているわけではない。芸の道を志し、柳都振興に入ってから徹底して教えられ、意識し続けてきたものだ。ところが、千秋が踊る「操三番叟」はそれと正反対。黒目の動きを封じられる。そこにものすごい難しさがあり、同時に奥深さがあることを、千秋は身を持って知らされた。

「本番の舞台は、よく覚えていないんです。いつも舞台は緊張しますけど、覚えていないってことはありません。でも今回は、私の中ではボヤーッとして……。いえ、覚えていないわけじゃない、あんまり考えていないというか」

千秋は、こちらが最初、理解に苦しむような言い方をした。覚えていない、いや覚えている、だけどボヤーッとしている。少し矛盾したつぶやきの意味が、やがて理解できた。

つまり千秋は「人形であり続けようとした」のだ。人形はモノを考えない。操られるままに、手足が動き、踊る。人形役の踊り手が自分の意志を持った途端、人形ではなくなってしまう。だから、千秋は黒目の動きを封じ、考えることをやめ、ただひたすらに、操られるままに応じた。そのため、記憶もなければ、舞台上での感情も残っていない。

言い換えれば、役になり切って演じることに終始できた、と表現すべきなのだろう。

形の上で黒目の動きを止めることはできても、意志を持って止めた黒目は、止めようとする意思を表してしまう。それは全身の動きに緊張を与える。そうすれば人間に見えてしまう。すっかり人形になり切るには、目を動かさない以前に、感情を捨ててしまうことだ……。

そんな経験から、千秋が何を感じ、何を摑んだのか摑んでいないのかは、また次の舞台で見せてもらえるだろう。

芸の道を生きるとは、そしてその成長を応援する喜びとは、そのような心持ちにあるのではないだろうか。

お座敷が終わり客を見送るあおいさん(中央)。右は紅子さん、左は千秋さん

16

《正座》最初の苦行に心折れる

「芸妓になって、最初の挫折は『正座』でした」

あおいはそう振り返る。

「1年目は正座との『闘い』でした。正座しながら、微妙に体重移動して足がしびれないようにするのですが、最初はうまくできなくて。本当に正座で心が折れました」

真剣な顔で言う。花柳界に入る前は、椅子とテーブルの生活が当たり前だった。

お座敷で、長く正座する習慣を持っている若者はいまや少ない。茶道や華道を習っている人は多数派ではない。あおいの日常生活にも、長く正座をする習慣はなかった。

「お客さまによっては、なかなか立たせてもらえない。動くな、喋るな、飲め、オレの話を聞け、というタイプのお客さまが中にはいらっしゃいます。そうすると、ずっと立てなくて。座ったまま3時間、ということもありました」

それはまさに苦行。徐々に慣れ、要領を覚えるのだが、簡単ではなかった。

お客さまのお酒が切れたら、立ち上がってお酒を取りに行くのも芸妓の仕事のひとつ。ところが、気の利く仲居さんがいれば、その機会も奪われてしまう。

「入ったとき、『1個の用事で席を立つな』と教えられていたので、席を立つには二つの用事が必要でした」

あおいが苦笑いする。例えば、あいたお皿を片付けるためだけに席を立ってはいけない。お酒が切れそうだから、帰りにお銚子を持ってくるなど、二つの用事が必要だ。

足がしびれて、我慢できない。ところが二つ目の用事がなかなかみつからないことがしばしばあった。

「それで、とんでもない失敗をしたことがあります。

お座敷に出て3カ月目くらいのころ。あいたお皿を持って立とうとしたとき、足がしびれて裾の中に足を入れてしまい、たたらを踏んで転んでしまったのです。お皿を割っちゃいけない、と思ってお皿をかばったのがいけなくて……」

転んだ拍子に、日本髪のかつらが外れ、畳の上をコロコロと転がった。

「あーっ……」

お座敷にいたお客がみな言葉を失い、茫然と、転がるかつらを目で追っていた。

「笑ってくれたらよかったのに、誰も笑わなかったんです」

衝撃の光景。

お座敷の空気が凍り付き、あおいの顔から火が噴き出した。

「一瞬で涙が出ました。白塗りの顔が真っ赤になるくらい、顔が火照った。私は泣きながらお座敷を出るしかありませんでした」

当時、新人芸妓は、先輩のお古の中から自分の頭に合うかつらを探して使った。自分の頭に合わせた特注品ではないから、どうしても脱げやすかったのだ。

「いまならクルリンパッ！　くらいやってみせるんですけどね」

あおいが思い出して明るく笑う。懸命で、健気で、余裕のなかった新妓時代の苦い思い出だ。

今、ラジオを聴く人、増えています

ライフスタイルの変化に伴い、ラジオを聴く人が増えています。
そして、FM-NIIGATAは2020年度新潟県内の聴取率調査において、
全時間帯で首位を獲得いたしました。

2020年度 新潟地区ラジオ聴取率

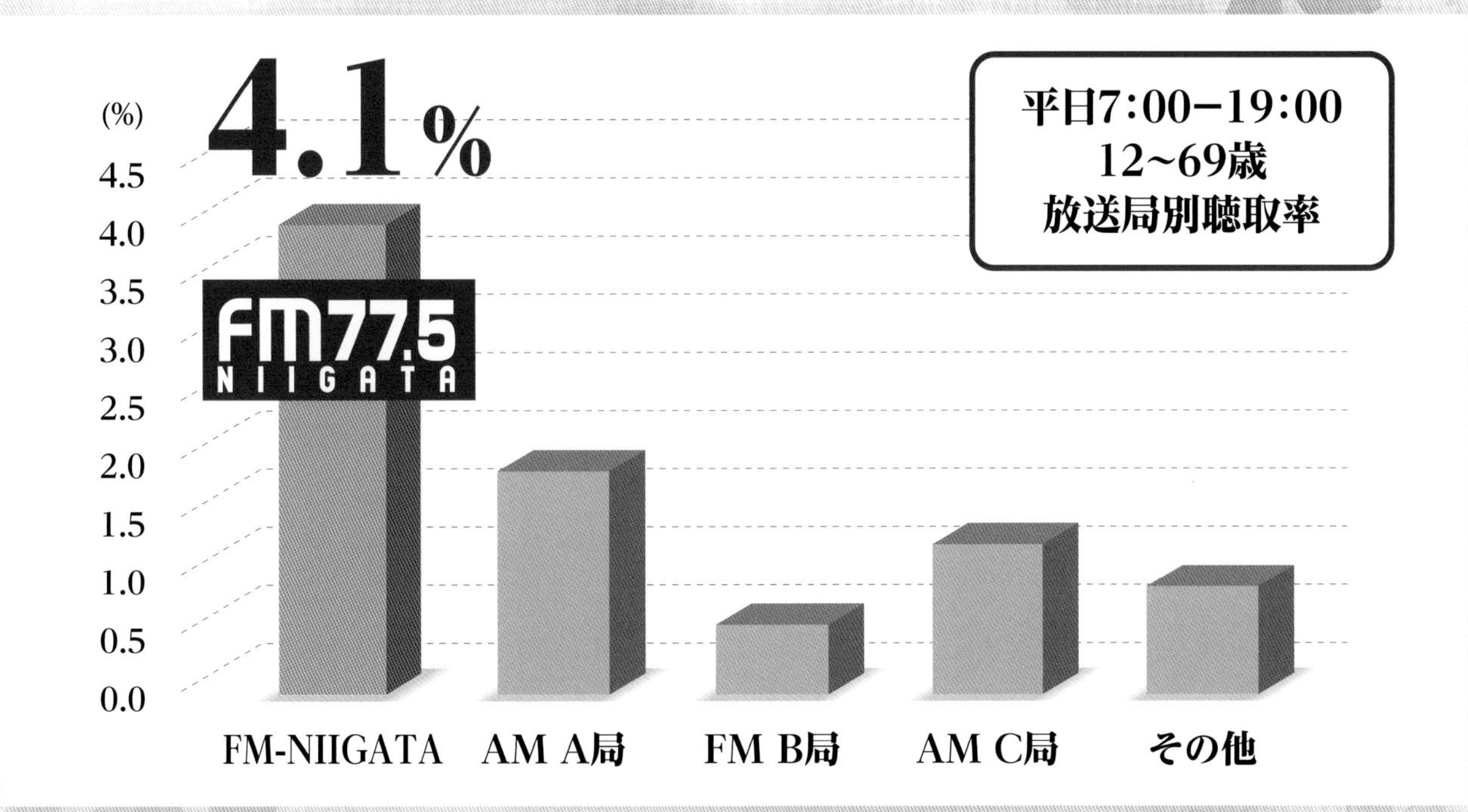

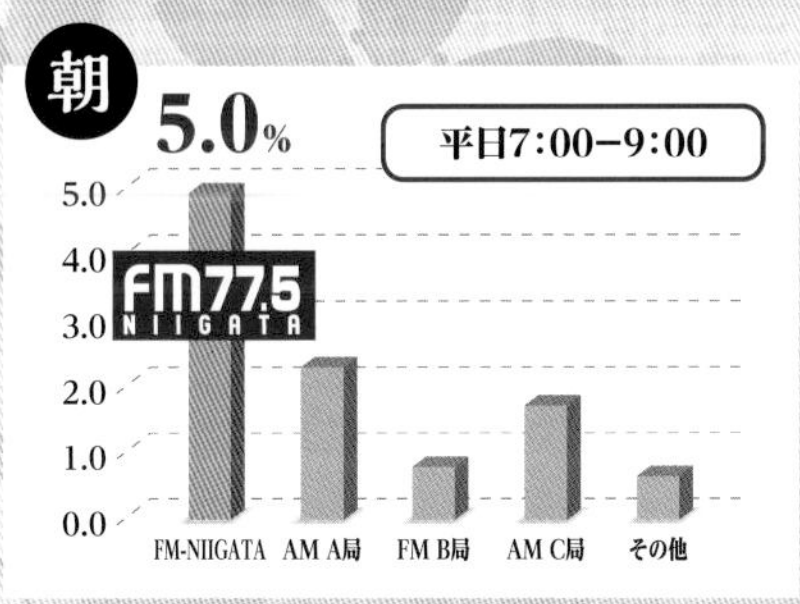

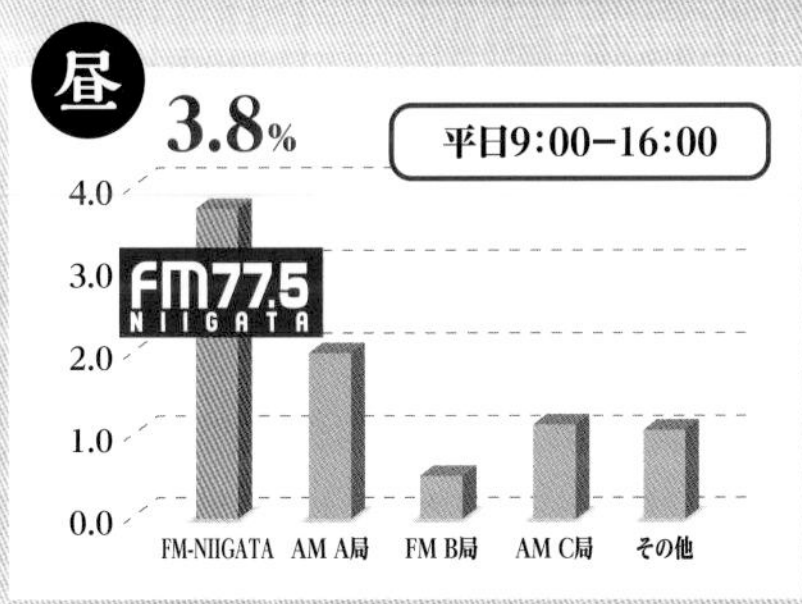

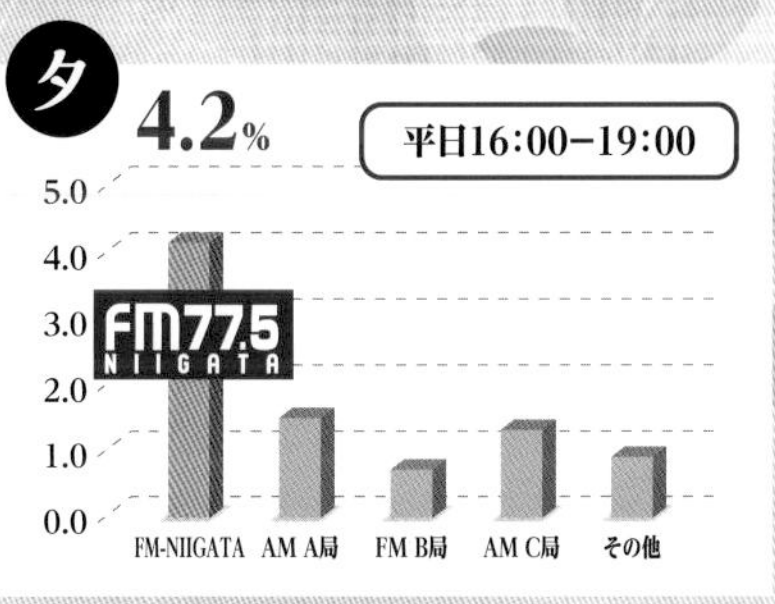

［調査概要］ 【調査期間】2020年10月19日(月)~10月25日(日) 【調査エリア】新潟県全域 【指令標本数】500サンプル
【調査方法】Web調査 【調査対象】上記エリアに居住する満12歳~69歳の男女個人 【調査機関】株式会社ビデオリサーチ

さらに… radikoでも聴く人が増えています!

1年間で…radikoユニークユーザーが

386,000増加!

前年同期比 174%!

1000,000 / 900,000 / 800,000 / 700,000 / 600,000 / 500,000 / 400,000 / 300,000 / 200,000 / 100,000 / 0

2019年7月　2020年7月

※7:00~21:00 累計ユニークユーザー数
※radiko運用ポータルサイト 聴取ログ解析 放送局別集計 30分単位のUU数より

この人気番組の前後に御社のラジオCMを流しませんか?

- **山下達郎**の楽天カードサンデー・ソングブック (毎週日曜日14:00-14:55)
- **桑田佳祐**のやさしい夜遊び (毎週土曜日23:00-23:55)
- Yuming Chord／**松任谷由実** (毎週金曜日11:00-11:30)
- **リリー・フランキー**「スナック ラジオ」 (毎週土曜日16:00-16:55)

お問い合わせ FM-NIIGATA 77.5 TEL:025-246-2311 Mail:q@fmniigata.com

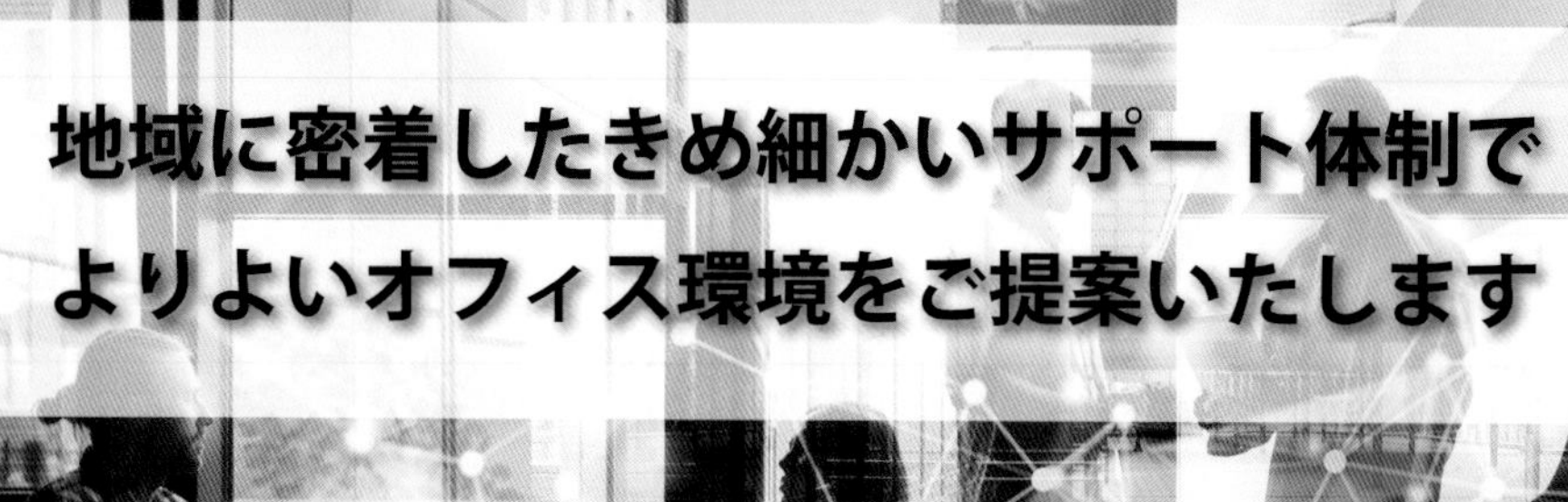

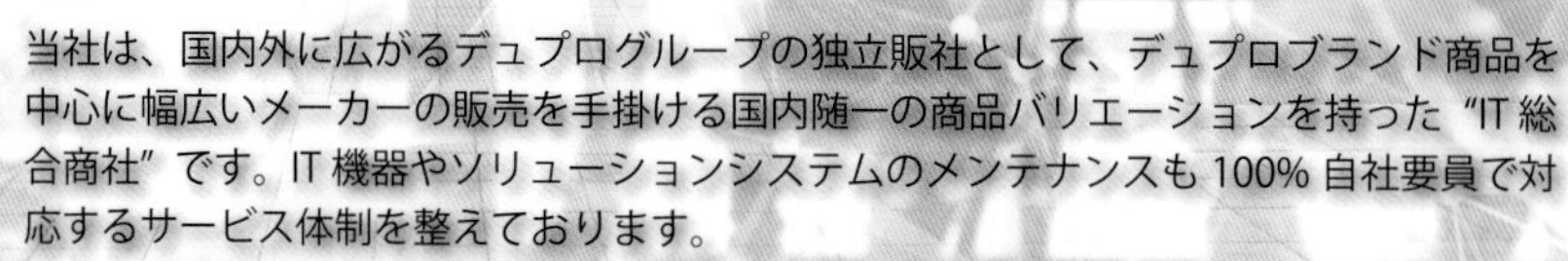

当社は、国内外に広がるデュプログループの独立販社として、デュプロブランド商品を中心に幅広いメーカーの販売を手掛ける国内随一の商品バリエーションを持った"IT総合商社"です。IT機器やソリューションシステムのメンテナンスも100%自社要員で対応するサービス体制を整えております。
オフィス環境をコンサルティングする中で、密接な環境を築きビジネスサポーターとして、お客様の潜在的ニーズを「ともに考え」問題解決と成長支援を未来に向け実現していく努力をこれからも続けてまいります。

デュプロ販売株式会社

URL https://www.duplo.ne.jp ▶

新潟営業所　〒950-1148　新潟県新潟市中央区上沼 714-1　電話：025-280-0171
長岡事務所　〒940-2126　新潟県長岡市西津町 3802-7　電話：0258-21-3250

日本生命保険相互会社 新潟支社は
柳都・新潟の歴史や文化の継承と発展を応援しています。

日帰り入院から
入院給付金を
一時金で受取れる
新しい保険。

みらいのカタチ

販20-42302,21/2/9（期限22/2）

(登)日本19-656,19/4/2,業務部

ご検討にあたっては、「契約概要」「注意喚起情報」「ご契約のしおりー定款・約款」を必ずご確認ください。

石本酒造株式会社 新潟市江南区北山847-1 ☎025-276-2028(代)

お酒は20歳になってから。飲酒運転は法律で禁止されています。お酒はおいしく適量を。妊娠中や授乳期の飲酒はお控えください。

地域や超高齢社会に向けた『住まい』を、オーナー様と一緒に!

『イワコンハウス新潟』の土地活用

土地や資産を有効活用し、地域社会・超高齢社会に貢献したい。そんなオーナー様が増えています。

賃貸住宅・マンション

30坪の土地で始められる戸建て賃貸住宅から、数百坪以上のまとまった土地での賃貸マンションまで、敷地条件や投資額に応じて幅広く出来る土地活用法です。ご希望により家賃保証システムの利用や管理委託も出来ます。

高齢者施設・保育施設

需要がますます高まる介護サービス付の高齢者施設や、地域に求められる医療施設、保育施設など、地域社会への貢献度が高く、15～20年といった長期一括借上システムを利用できる安定した土地活用法です。

再開発事業

3ヶ所進行中!

廃業した工場跡地などの事業用地を『イワコンハウス新潟』で建物ごと一括購入し、廃墟解体、造成を行った後、生活利便施設・高齢者施設・公園などを誘致し、新しい街に再生することで地域活性に貢献していきます。

五泉の新しい活力は「街ナカ」から。

『チューリップタウン』出店者募集中!

医院 店舗 事務所

日本有数のニット産地である五泉市中心部の新たな取り組み、『チューリップタウン』は、生活に密着した商業施設と医療施設を誘致し、五泉の真ん中で暮らす豊かさを再構築する試みです。五泉を真ん中から盛り上げたい、変えていきたい、そんな情熱をお待ちしています。

土地・資産運用は、県内外250件の実績が信頼できるパートナーの証。

IHN イワコンハウス新潟
IWACON HOUSE NIIGATA

【事業展開】建設(住宅・賃貸マンション・福祉施設など)/不動産事業/リフォーム工事/太陽光発電設置工事/保険事業
本社/新潟市江南区東早通1-2-6 TEL025-382-1000
お問い合わせはお気軽に【資産活用部】まで 0120-382-011
イワコンハウス新潟 検索
www.n-iwacon.co.jp

17

《勲章》正座ダコ あえて隠さず

振袖の千秋さん（中央）と舞うあおいさん（左）、地方は紅子さん

「後輩たちには、失敗を怖がらずにチャレンジしてほしいです。失敗しても、何度でもチャレンジさせてもらえるのが古町花柳界ですから」

あおいが言う。前回書いたとおり、あおいは、しびれを切らせて転び、日本髪のかつらを神聖なお座敷に転がした経験の持ち主だ。

それでも立派に、人気芸妓に成長した。

「正座に慣れるには3年はかかりましたね。3年目もまだ、うっかりすると足がしびれて大変でした」

いまはすっかり正座に慣れた上に、いろいろと要領を覚え、正座に苦しむことはほとんどなくなった。

「でもね」と言って、あおいが足を差し出して見せてくれた。

「正座ダコができるんですよ」

見ると、足の親指から足首にかけて、足の甲にうっすらと赤い線が走り、足首のあたりに大きな固いマメというのか、かたまりができている。マメと呼ぶには大きく、痛々しい。

「芸妓はみんなできています。片足しかできない子、まったくできない子もいるんですけど、だいたいは両足にありますね」

悩む様子もなく、それがまるで経験を重ねた芸妓の勲章であるかのように、あおいは涼しい顔で足をさすった。

「だから、普段でもハイヒールを履かない芸妓さんが多いんです。目立ちますから。でも私は気にせず、ハイヒールも履いています」

正座に苦しみ、しびれと闘う駆け出しのころ、長いお座敷を務めるのは大変だったのではないか。折れそうな心を、どうやって支え、こらえたのだろう。

「あるお姐さんから、『私はお座敷に出たら、必ずその日のお気に入りのお客さまを選ぶのよ』と聞かされたんです。

お座敷の中に、必ず『彼氏』がいたら、楽しいでしょ」

いたずらっぽい少女のような声で、あおいが笑った。教えられた楽しみ方を、あおいもお座敷で実践してみたという。

「お座敷に出るモチベーションが上がった方が楽しいし、いいおもてなしができるのは当然です。私たちはお座敷で『あなたたちのために』とお務めをするのですが、それがさらに心の中で誰か1人選んで『あなたのために』となったら、こちらのテンションも上がりますよね」

あおいから「今日の彼氏」と決めてもてなされたら、それは最上の気分だろう。

相手もあおいの気持ちに気づくのではないか?

「わかる人にはわかりますよね。でも、あくまで私の心の中で決めるのであって、他のお客さまもいらっしゃいますから、周りからすぐわかるようなやり方はしません。あくまで、皆さんを気にかけた上で、プラスアルファ、『ちょっと気にかける人』という感じです」

一度でもいいからその人になってみたい、と思うのはあおいファン共通の願いではないだろうか。

18

《配慮》

会話の押し引き 気付く

料亭のお座敷であでやかに舞うあおいさん

「柳都振興に入ったばかりのころ、私は元気だけがとりえで、芸妓としての配慮は全然できていませんでした」

あおいがつぶやくように言う。

「明るくて、前へ前へ突き進むような、それが私の持ち味でした。でもそれだけでは、お座敷をうまく務めることはできません。大きく変わったのは、マイナスの会話を覚えてからかなあ」

マイナスの会話。あおいが面白い表現を使った。

「話は盛り上げればいい、というわけではありません。お座敷では時に、私たちが口を挟んではいけない会話が突然始まったりもします。相槌を打っていいとき、打ってはいけないとき、話に参加していいとき、してはいけないとき。その加減が少しわかってきて、お座敷の深みを感じられるようになりました」

芸妓は、お座敷を華やかに彩る存在だ。しかしお座敷ではあくまでお客さまが主役。接待する側、される側。商談に近い会話が始まるときもある。互いの思惑が微妙に交錯し、和やかなようでいて厳しい火花が散る瞬間もある。

そんなとき、芸妓がどんな佇まいでそこに同席し、存在感を放つのか、消すべきなのか。

そういった瞬間瞬間の判断とさりげなくも重要な振る舞いが、お座敷の成否を大きく分ける。芸妓のそういう重責を知れば知るほど、あおいにとって花柳界のお座敷は、やりがいのある舞台となっていった。

元気たっぷりにお座敷を盛り上げるプラスの会話、プラスの振る舞い。それだけでは十分ではない。あおいがマイナスの会話と表現した、会話に参加しないわきまえ、ふっと存在を消す配慮。それもまた大切な芸妓の務めなのだ。

会話の成り行きによっては、さりげなくお酒を取りに席を立つ。そして、頃合いを見て、静かにお座敷に戻る。席を外す間が長すぎても失礼だし、大事な会話の途中で戻るのも間が悪い。

マイナスといえば、おもてなしにも通じるところがある、とあおいは言う。

「お酌をするのも私たちの仕事です。お客さまに勧められたら盃もいただきます。でも、ガンガン注いで、注がれるままに飲めば盛り上がるわけでもありません。

中には、無理をしているな、と心配になるお客さまもいらっしゃいます。日本はやはりまだ気遣いの社会ですから、お客様や上司の方に気を遣って、あまり得意でないお酒をがんばって飲んでいらっしゃる方もたくさんおいでです」

そんなとき、ベテランのお姐さんたちは、お酒に添えて「やわらぎ水」もさりげなく差し出す。そういう配慮を、あおいもお座敷で見て、学んだ。

そしてあおいは、会話にも参加していいときと引くべきときがあるように、お酒に関しても、「いかにお酌をしないか」も、時には大事な芸妓の気配りではないかと気づいたという。

19

《お酌》薄い水割り 心配りの妙

客から「水割りを」と頼まれたとき、どんな濃さで出せばいいか、「最初はわからなかった」と、あおいは言う。

それぞれの飲み方、お座敷での人間関係を見ていれば、その客がお酒に強いか弱いか、好んで飲んでいるのか無理して付き合っているのか、だいたいわかるようになる。それを察した上で、客それぞれが望む濃さでウイスキーや焼酎の水割りをピタリと出すのはまた容易ではない。

「最初のうちは、味見してくださいとか、濃すぎました？って聞いていたのです。でも」

と、あおいが言った。それではまったく配慮がないと悟った。

「聞くならば、薄すぎました？と、小さな声で聞くのがいい。薄かったら足せばいいし、お酒が苦手なんだなと思ったら、薄くした方がたいてい喜ばれます」

濃すぎました？と聞いて、「うん、もっと薄く」と言われても対処の方法がない。水を足すにもグラスにゆとりを作るために少し飲んでもらうしかないからだ。しかも、客に「もっと薄く」などと言わせるのは無粋だ。その方の顔をつぶしかねないし、陽気に盛り上がろうとするお座敷に水を差しかねない。だから、

「強くないのに無理してるんだなと思うお客さまには、うんと薄い水割りを作って、お出しするようにしたのです」

薄い分には、調整も利きやすい。「もうちょっと濃くていいな」と言われたら、お酒を足せばいい。その科白（せりふ）がお座敷に水を差すことはない。ウイスキーを薄くし過ぎれば周りからすぐわかるが、焼酎ならば薄くても目立たない。

「時には、ほとんどお酒を入れず、水のようなグラスを渡すこともあります。それで、薄すぎましたか？と聞いて、『これでいい』と言われる方も結構いらっしゃいます。『次からこれにしてくれ』って、それからご贔屓（ひいき）をいただくようになった方も」

お酒が決して強くない筆者自身、かなり飲んだ後の2次会で出掛けたスナックなどで、水同然の水割りが欲しいと思った経験が幾度もある。ところが、それを察してくれる女性に出会うことはあまりない。濃くするのがサービス、たくさん飲めるアピールをさせることがその客の顔を立てるような風潮がまだ日本の夜の席にはある。

もし、酒席であおいのような心配りに出会ったら、私は感激するだろう。

その配慮こそ、あおいが「水商売のプロフェッショナル」と言うゆえんではないだろうか。

「芸妓は『お酌をしなきゃいけない』と思いがちですが、宴席で無理をしている方がたくさんいなさいます。だから『いかにお酌をしないか』も大事だと気づいたのです。

お客さまのお名前を一度で覚えられるかといったら、難しい。でも、水割りの濃さ、お客さまが望む割合だけは、一度ご一緒したら忘れません」

お酌で客をもてなすあおいさん

20

《仲間》
和芸の道 励まし合い

久しぶりに新潟を訪ねた夜、古町であおいに会った。店であおいを待つ間、カウンターに居合わせた津軽三味線奏者の佐藤知と話が弾んだ。知はあおいと同じ歳。新潟で和芸の道を歩む者同士、あおいとも親交があるという。イベントで同じ舞台にそれぞれ入れ違いで上がることもある。

「あおい姐さんとは10年くらい前に知り合って、時々一緒に飲む機会もあります。芸の道を歩む者として、すごく刺激をもらっています」

同い年だが、知はあおいを「姐さん」と呼ぶ。知なりの敬意と親しみを込めた表現なのだろう。古町で和の文化といえば芸妓が有名だが、ほかにも伝統を受け継ぐ若者がいることを佐藤知との出会いで知った。

知は15歳の時、民謡関係の仕事をしている両親の影響で三味線を始めた。師匠は叔父の木田林松次。現代では、師に学び、師の教えを謙虚に受け入れる生き方が理解されにくくなっている。多くの若者は、いや中高年も含めて、誰かに強いられて行動するなんて耐えられないと考える。だが芸の世界はいまも厳しい師弟関係が基本だ。そういう生き方を理屈抜きに理解し合える仲間の存在は、あおいにとっても貴重なのだろう。

「私の師匠は、亡くなって10年以上たちますが、日本で5本の指に入る三味線の名手でした」

津軽三味線といえば、一般には高橋竹山の流れをくむ竹山流が知られている。知は木田流の奏者だ。竹山流の方がメディアに乗りやすく、仕事もしやすい。だが、「私は木田流の演奏方法と信念に惚れ込んでいますから」。知は木田流に誇りを持ち、木田流を受け継いで津軽三味線の道を歩き続けている。

「竹山流は、技術を重視した弾き方が特徴です。木田流はパワーと迫力を重視しています。力強くバチを叩いて、1曲で糸が切れるくらい。音のメリハリを大切にする。小さい音はできるだけ小さく、大きい音はできるだけ大きく」

毎年、弘前で開かれている「津軽三味線世界大会」で、知は2014年に最上位A級部門で3位入賞した。2020年はコロナ禍で大会が中止になり、仕事も打撃を受けた。アートミックスジャパンなど出演するイベントが中止になり、納涼会などの舞台もキャンセルが続いた。そのため5月半ば、決心して知は一度、三味線を置いた。会社に就職し、三味線以外の方法で生計を立てる道に転じたのだ。

そのことは、あおいにも少なからぬ衝撃を与えた。

「私も他の仕事をしなければいけないのかと考えました。古町花柳界に生きる私たちは恵まれています。いろいろなサポートを受けて、9月ころからはお座敷も賑やかになってきました。けれど、まだ自分の道に戻れない人もいる」

知はもちろん、再び津軽三味線で生きる未来をあきらめてはいない。

津軽三味線奏者の佐藤知さん

21

《慢心》稽古不足を舞台で痛感

踊りを披露するあおいさん（右）。芸を磨く稽古の大切さが肌身に染みているという

古町芸妓にとって、芸事の稽古は何よりも大事な命綱といってもいい。自分を磨き上げるための手がかりであり、芸妓としての存在感の源泉そのものだ。

ところが、稽古の大切さを身に染みて感じるかどうか。頭ではわかっていても、どれだけ「精魂込めてできるか」には個人差がある。いや、その芸妓自身の中でも、「稽古への思い」の変遷がある。

あおいには、その意味で「忘れられない舞台がある」という。

「柳都振興に入って何年目でしょうか。ふるまち新潟をどりで、同期の華乃と『越後獅子』を踊ったのです。そのころ私はすごく忙しくて、朝から晩までお座敷がかかっていました」

そのため、新潟をどりのための稽古の時間がなかなか取れなかった。

市山流では、一本刃の高下駄で「越後獅子」を踊る。普段は履く機会のない一本刃を履きこなすには、それ相応の慣れと訓練が必要だ。一朝一夕では馴染めない。が、あおいは十分な時間を取れなかった。いや、取らなかったと言うべきだろうか。

舞台は何とかこなしたものの、自分自身、およそ誇れるような踊りにはならなかった。

「すごく恥ずかしかった。一緒に踊った華乃にも申し訳なかった。悔しかった。私は全然、一本刃も履きこなせていませんでした」

心のどこかに、言い訳があった。甘さがあったと気づいたのは、舞台が終わった後だった。

「お座敷が続いていたから、稽古をする時間は夜中しかありませんでした。それでも寝る間を惜しんで稽古をすべきだったのに、私はお酒を飲みに行くのを優先しました。二日酔いで稽古に行ったりしていました」

その日のお座敷を一生懸命に務め、疲れた自分の心と体を癒やすことで精いっぱいだった。

「みんなは何も言わないけれど、お稽古の不足は自分に返ってきます。それを痛感する舞台でした」

もっと正直に言えば、その時、あおいの心の奥には奢りもあった。柳都振興に入ってまもなく、あおいは新人ながら古町の人気芸妓の1人になった。一日中お座敷がかかるのは、花柳界全体が忙しかったおかげもあるが、あおいにそれだけ人気があって、引く手あまただったから。そのありがたさ、うれしさの裏で、奢りと慢心もふくらんでいた……。

「その鼻がポッキリと折れました」

あおいが言う。

「私、最低じゃん。このままじゃ続かないよ、ちゃんとお稽古を重ねないと、そう感じさせられました」

日本舞踊の師である市山七十郎は、終わった舞台についてはほとんど何も言わない。いつもクールな表情で、

「自分で反省したことを生かしなさい」

と言うだけだ。

まさに、「自分で反省したこと」「自分の心が感じた深い痛み」をあおいは忘れることができない。以来、稽古の大切さが肌身に染みている。

22

《世代》伝える場つくらなきゃ

作家・三浦哲郎(左)をもてなす扇弥さん=1961、62年ごろ

久しぶりに新潟を訪ねた翌朝、私は「扇弥姐さん」に会いたくて古町に出掛けた。3年前、初めてお会いしたコーヒーのおいしい喫茶店。扇弥が贔屓にする店の扉を開けると、少しも変わらない穏やかな空間がそこにあった。そして、やはり変わりのない扇弥の姿があった。普段着の扇弥を古町芸妓と見抜く人はいないかもしれない。だが、小柄で美しい佇まいには、落ちつきと品格がにじみ出ている。穏やかでありながら、揺らぐことのない凛々しさを纏っている。

2018年に出版した『柳都新潟古町芸妓ものがたり』に記したとおり、扇弥は芥川賞作家・三浦哲郎の小説『熱い雪』のモデルだ。

新潟出身の大学生と恋仲になった、その彼が早稲田で三浦と同級生だった。二人の悲恋に寄り添った三浦が書いた小説だから、大筋はリアルなストーリーだ。

『熱い雪』の幻影が重なって見えるから一層感じるのかもしれないが、扇弥には私たちの手の届かない、深淵な心の世界を生きる高邁さを感じる。それでいて、お高くとまる気取りはなく、自然体で気さくな振る舞いが板についている。

それこそが、古町芸妓の真骨頂なのだろう。

垣根がない。それでいて、本当はこんなに親しくお話などできない方だと自分を戒める気持ちが自然と浮かんでくる。自分には手の届かない気高さを感じるからだ。

その気品は、古町花柳界で培われたものだ。

扇弥は、小学校1年生のとき、母の妹の養女となり、花柳界で生きる宿命を担った。自ら志願したわけではない。ならざるを得ず、運命を受け入れて芸妓の道を歩んできた。

近況を快活に話してくれる扇弥が、少し寂しげな表情を浮かべたのは、若い芸妓について尋ねた時だ。

「みんな、一生懸命がんばっていますよ。うれしいです。でもね」と言って、顔を曇らせた。

「最近はほとんど会話する機会がなくなってねえ。一緒にお座敷を待っている間も、若い人はずっと携帯をいじっているから」

必要な打ち合わせはするが、何げない会話の機会がない。お座敷で気づいたことなど、伝えてあげたいこともあるが、わざわざ呼び出したら角が立つ。

「普段の会話の中で、それとなく話すくらいがちょうどいいんだけどね」

扇弥のつぶやきをあおいに伝えると、あおいは言った。

「私はお姐さんたちから教えてもらいたいことがまだまだたくさんあります。私はお姐さんたちにいろいろ仕込まれた方だけど、いまの若い子たちにとっては、お姐さんは遠すぎる存在になっているのかもしれません。私が機会を作らなければいけないんですよね。私がお姐さんに誘ってもらった時、一緒に若い子も連れて行くとか」

そうやって、古町の伝統は受け継がれて行く。ここにも、あおいの役割がある。

「ふるまち新潟をどり」の舞台で演じる和香

23

《和香》伝統継承の責任感胸に

「**私**が柳都振興で一番年上になるとは思っていませんでした」

おっとりした口調で、和香が恐縮しながら言った。

同期の小夏とともに留袖になったのが3年前。その時はまだ紅子とあやめ、柳都振興の先輩たちがいた。ところが、紅子、あやめが独立し、小夏は寿退社。気づけば和香が「柳都さん」の中で一番上になっていた。

「柳都の後輩たちのいい見本になれと言われて、しっかりしなきゃと思っています」

誠実な和香が、一生懸命その役と向き合っている様子が伝わってくる。

最初の取材からわずか2年で、和香の表情は大人っぽく変わった。留袖として「一人前」になったと認められてはいたが、まだ先輩たちの後ろについて歩くような、出しゃばらない謙虚さが和香の「和香らしさ」だった。

それが、思いがけず「長女」の立場に押し上げられて、立派に柳都さんたちの先頭を歩く責任感を受け入れている。

「私が入ったころは、紅子さんが一番上でした。すごく綺麗で、知識も豊富で、お座敷でも普段の会話もレスポンスが早い。私にはとても追いつけない方だと思っていました」

遠い存在だと感じていた先輩の役割を、いまは和香自身が果たさなければいけない。1年生、2年生たちは、和香を見て学び、後を追う。

「1年生のころ、私はお姐さんたちから、『見て学びなさい』と教えられました。『盗っ人稽古』が大事だよと。自分が踊っていない時、お姐さんの踊りの稽古を見ている時も、『お姐さんが体調を崩して代役が必要になったらすぐお座敷で代わりが務められるよう覚えておきなさい』と。

お座敷での歩き方、お酒の注ぎ方にしても、最初に基本は教えてもらいますが、あとは自分の工夫と積み重ねです。お座敷でお姐さんたちの仕草を見て盗んで、真似をして身に付けてきました」

盗んで覚える。芸の世界では当たり前の心得だ。昭和の時代に生まれ育った者ならば、ごく自然に身に付けている習性だが、世間がマニュアル化する中で、「盗んで覚える」という習慣自体がピンと来ないのが、いまの若い芸妓たちの世代だ。

踊りや三味線、長唄、鳴り物などの芸事はそれぞれ師匠に厳しくも丁寧に教えてもらえる。だが、古町芸妓の矜持やたしなみは、言葉だけでは継承できない。

先輩たちが身を持って範を示し、感覚的、心情的に受け継がれてゆくものだ。

先輩芸妓として、伝えるべき大切なこととは何か？　古町芸妓のたしなみとは？

尋ねると和香は少し考えて言った。

「新潟は港町です。元々は北前船によって賑やかになったのが古町の花柳界。港町の気さくさが、古町芸妓のおもてなしの基本だと私は教えられました。〝旅の人〟を寂しい気持ちにさせないように」

24

《伝承》続く休業 じっくり稽古

福豆世さん(右)の三味線で艶やかに舞うあおいさん

世代交代が進む中で、和香は地方を務める機会が増えている。古町花柳界でいま「三味線」といえば、やはり真っ先に福豆世の名があがる。だが、芸歴60年を越える福豆世に、いつまでも頼りきるわけにはいかない。

紅子、あやめ、あおいら柳都振興の先輩たちとともに、和香がその後を受け継ぐ期待は日ごとに高まっている。

「古町花柳界では、テープを使わないのが鉄則です。必ず地方が生で演奏する。それが古町の魅力です。その伝統は絶対に守っていきたい」

芸妓文化は全国各地に存在するが、どこも人材が少なくなり、日本舞踊の音楽をテープに頼るのが普通になっている。テープを使わず地方が演奏するのは希少価値、それが古町花柳界の信頼と格式を支えている。それだけに、和香たちの責任は重い。

「三味線の曲にも『古町流』の弾き方といいますか、同じ曲でも『間の取り方が違う』とか、手が違うところがあるのです。それはテープを聴きながら自主稽古をするだけではなかなか覚えられません。福豆世さんから直接稽古をつけてもらわないと継承できません。唄も、延子姐さんから節回しを学ばないと」

和香は、唄では古町一の定評がある先輩芸妓・延子の名を挙げた。

古町には古町の味があり、長い間に磨かれた伝統がある。これを受け継ぎ、残していくのが若い古町芸妓の使命だと和香は感じている。

「三味線も唄も、お姐さんから稽古をつけてもらって、OKが出たら初めてお座敷で演じることが許されます。お姐さんたちもお忙しいので、2、3カ月に一度でしょうか。『いつ頃お時間ありますか?』と私たちから声をかけて、教えていただきます」

コロナ禍で休業が続く中、和香は不安を抱えながらも「稽古と向き合っていた」という。

「市山のお師匠さんからも、『いまが稽古をする絶好の時期よ』と言われたので、自宅でずっと稽古に取り組んでいました。

普段はお座敷が忙しいので、寝る前にちょっと復習する程度でした。おうちの中で踊ったり三味線を弾いたり、こんなに芸とじっくり向き合えたのは初めてです」

穏やかな語り口の中にも、和香のひたむきさ、真面目さがにじみ出て見える。

「自分の得意分野を伸ばすのがいい」先輩にそう教えられたという和香に、「得意分野は何か?」と尋ねると、少し考え込んだ。

「何でしょうねえ。お客さまからよく言っていただくのは、作っていないところがいい。あとは、せかせかしていない、まったりしている(笑い)」

そんな話をしながら、こちらが喋るテンポも普段よりずいぶんゆったりと遅くなっている。和香に影響されてのことだ。普段よりゆっくり話すと、なんだか別人になった気分で、心が穏やかになる。それが『和香のくれる最上のおもてなし』ではないか、ふとそう感じた。

お客様と明日をひらくこと、
それが藤田金屬の目指す未来です。
創業以来「鉄の総合商社」として、製造業や建設業など様々なお客様への鋼材供給を通し、130年にわたり成長してまいりました。これからも、あらゆるニーズにお応えできる体制で新しい時代の鉄鋼流通に挑み続けます。
藤田金屬株式会社
私たちは古町芸妓文化の継承を支援しています
藤田金屬株式会社
〒950-8588 新潟市中央区八千代1丁目7番20号
TEL.025-245-6666 https://www.fujita-kz.com/

鉄の鉄学
人間の想像力を
カタチにすること。
再再再
再再再再…
利用できること。
軽い。薄い。それなのに強い。
みんなの常識を裏切ること。
海を
元気に
すること。
さびること。
つまり、
ちゃんと土に
還ること。
柔よく剛を制すこと。
もしくは
剛よく柔を制すこと。
私たち鉄には独自の“鉄学”があります。それは人の想像力をカタチにすること。そして、なんどもカタチを変えて生まれ変わること。あなたが使っているスマホも、元はクルマであり、その前は機関車だったのかもしれません。地球の重量の1/3を占める鉄。最初からこの星にある物質だから、自然と調和のとれた活躍の仕方ができているのです。
NIPPON STEEL | 日本製鉄株式会社

NIIGATA SAKE

酒の国にいがた

新潟県酒造組合

新潟市中央区東中通2番町292-2　☎025-229-1218㈹

第四北越銀行

あいおいニッセイ同和損保
MS&AD INSURANCE GROUP

地域の皆さまとともに。

弊社は、地域密着を行動指針の一つとする企業経営を行っており、弊社およびグループ企業にて培ったノウハウを活かし、地方創生における「まち・ひと・しごと」の各分野において地域社会、地域企業のお役立ちに向けた支援を行っております。

あいおいニッセイ同和損害保険株式会社　新潟支店新潟第二支社
〒951-8068　新潟市中央区上大川前通七番町 1230　TEL 025-229-2570　https://www.aioinissaydowa.co.jp/

感じていますか
不動産の風
MY'S本町ビル
CYプレイス株式会社
シーワイ
〒950-2022 新潟市西区小針8丁目10番1号
CY PLACE corporation
TEL.025-201-6705 FAX.025-201-6706
代表取締役 千田 芳資

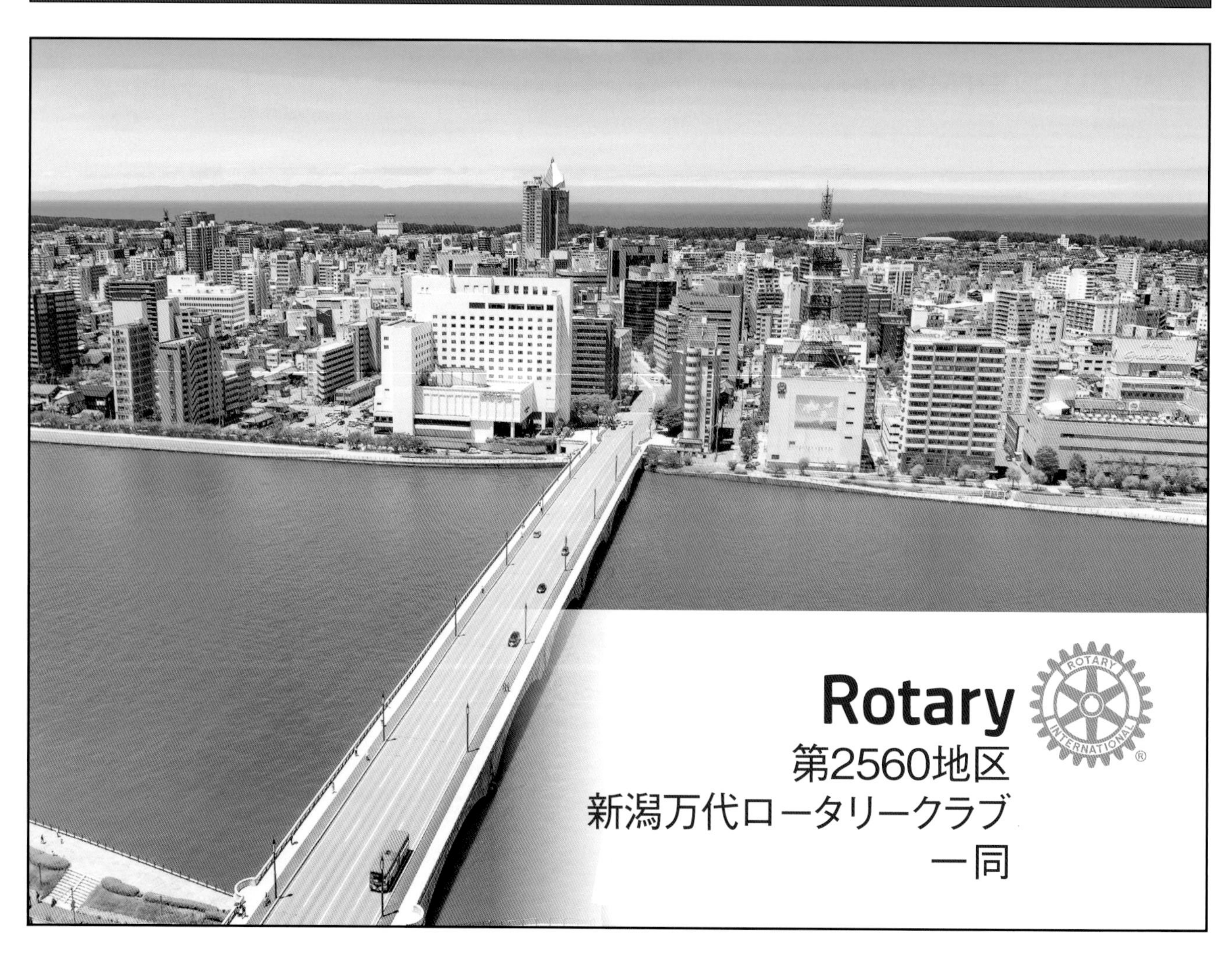
Rotary
第2560地区
新潟万代ロータリークラブ
一同

古町芸妓がそろい踏みした、ふるまち新潟をどり

25

《留袖》お座敷を回す役割担う

柳都振興のホームページには、芸妓紹介のところに「振袖さん・留袖さん」とある。

新人芸妓はみな「振袖さん」としてお座敷を務め、経験を積んでしばらくすると「襟替え」をし「留袖さん」になる。

お姐さんたちに聞くと、古町芸妓が100人以上いた時代には、「振袖を3年も務めたらもう留袖になった」という。振袖の人数を確保したい事情があって、柳都振興では長く振袖を務める傾向が定着したようだ。

8年目を迎えた菊乃は、2020年2月に「留袖」になった。

「周りからそろそろ、どうするの？ といった空気がありました。最終的に決めるのは自分です。私も、決心して会社に相談しました」

振袖さんは文字通り振袖を纏い、お座敷を華やかに彩る存在だ。留袖さんは、振袖さんのお姉さん格。確かな芸と会話の妙。その場の空気をしっかり把握して、お座敷を和やかに回す中心的な役割も担う。

「留袖になると、髪型もお着物も変わります。お座敷の務め方、お座敷で踊る演目も変わります。お馴染みさんのお席だと、白塗りでなく、お姐さんと同じ『上げ着』で伺うお座敷もあるので、そういう時はコミカルな男踊りもさせてもらえます」

男踊りが好きな菊乃にとっては、留袖になってお座敷での幅も広がるだろう。

髪は桃割れから中島田、着物は振袖から裾の長い「お引きずり」に変わる。お祝いの席では黒を基調とした大人の魅力あふれる留袖。模様は下半身にだけ入るものだが、菊乃の着物には菊乃が好きな菊と鯉があしらわれている。

「引き着になって、もっと色気を出せと言われますけど、なかなか難しいです。私は自分の良さを隠さずに行きます」

そう言って、菊乃は笑った。菊乃が思う「自分の良さ」とは何だろう？ 何となく聞きそびれてしまったが、色気を全面に出すのでなく、快活で凛々しい、毅然とした美しさかと私は思った。

言葉を換えて、

「理想の留袖像は？」

と尋ねると、菊乃は答えた。

「キリっとした部分もあれば、かわいらしさもある。芸事が何でもできて……。

私はまだまだ勉強中です。三味線はあまり得意じゃないので、いまがんばっています」

秋になって、お座敷の活気も戻ってきた。コロナ禍を越えて、客の顔ぶれが新しくなって新鮮さもあるという。

「Go To キャンペーンが始まってから、県内外からのツアーのお客さまが多くなりました。ツアーのお客さまの大半はお座敷が初めてです。マナーがとても良くってお務めしやすいです。女性のお客さまが多いのも、うれしいですね」

苦境をバネにして、新しい未来も広がり始めている。

26

《ゴルフ》魅力実感 会話が弾む

「お座敷の会話で代表的なものは、お客さまの仕事の話と時事ネタです。アメリカ大統領選挙とかコロナの話題。それにやはりゴルフの話ですね」

あおいが続ける。

「芸妓になったばかりのころ、ゴルフのことはまったくわからなかったので、お客さまの会話に入って行けませんでした。テレビでツアーの中継とか見ても、面白さや難しさがさっぱりわからない。短いパットの怖さだってねえ、経験がないからピンと来ません」

だから、お座敷で客同士が熱くゴルフを語る隣で、相槌を打つことさえ難しかった。

「そうは言っても、ゴルフでいっち楽しいのは19番ホールだよね」

愉快に笑う客の輪の中で、あおいの笑顔は引きつっていた。

（わからないから、つまらない。どうせなら、ゴルフ、やってみたい！）

あおいがそう思ったのは、柳都振興に入って5年目、22歳のころだった。

「私もゴルフ、やってみたい！」

言うとゴルフ好きのお馴染みさんたちがみな喜んでくれた。

「おお、やれやれ、やってみれ！」

何人かで応援団を作って、あおいにハーフセットをプレゼントしてくれた。

「ひと月、練習場で練習して、それから初めてコースに出ました」

あおいは、自分がゴルフを始めていいものか、柳都振興の芸妓たちのお母さん役だった田中喜美支配人（当時）に相談した。

「田中のお母さんが、『ゴルフはやっていいよ。でも三つのことは守りなさい』と助言してくれました。ひとつは、練習場で手にゴルフダコを作らない！」

そう言って、あおいが両手を広げて見せてくれた。あおいの手のひらはやわらかく綺麗だ。

「それと、『ゴルフ灼けをしない。夏場でも長袖でプレーすること』『お稽古優先。お稽古の予定をキャンセルしてゴルフに行かないこと』、この三つでした」

だから、「1日にいっぱいボールを打てません」

そのためか（？）、「なかなかうまくならなかった」とあおいが笑う。

「最初のスコアは206でした（笑い）。よく数えたでしょ！　しばらくコースに通って、やっと150まで減りました。いまも120から130。いい時は110で回れるようになりました」

いつもの会話とトーンが違う。無邪気に声が弾んで楽しそうだ。

「私は身体を動かすのが好きだし、外に出る機会も少ないので、ゴルフはめちゃくちゃ楽しいです。お客さまも、普段と違うゴルフウエアでご一緒するのが新鮮みたいで」

短いパットを外す悔しさ難しさも、いまは痛いほど実感しているから会話が熱くなる。ゴルフは何よりの趣味であり、仕事につながるエッセンスでもある。

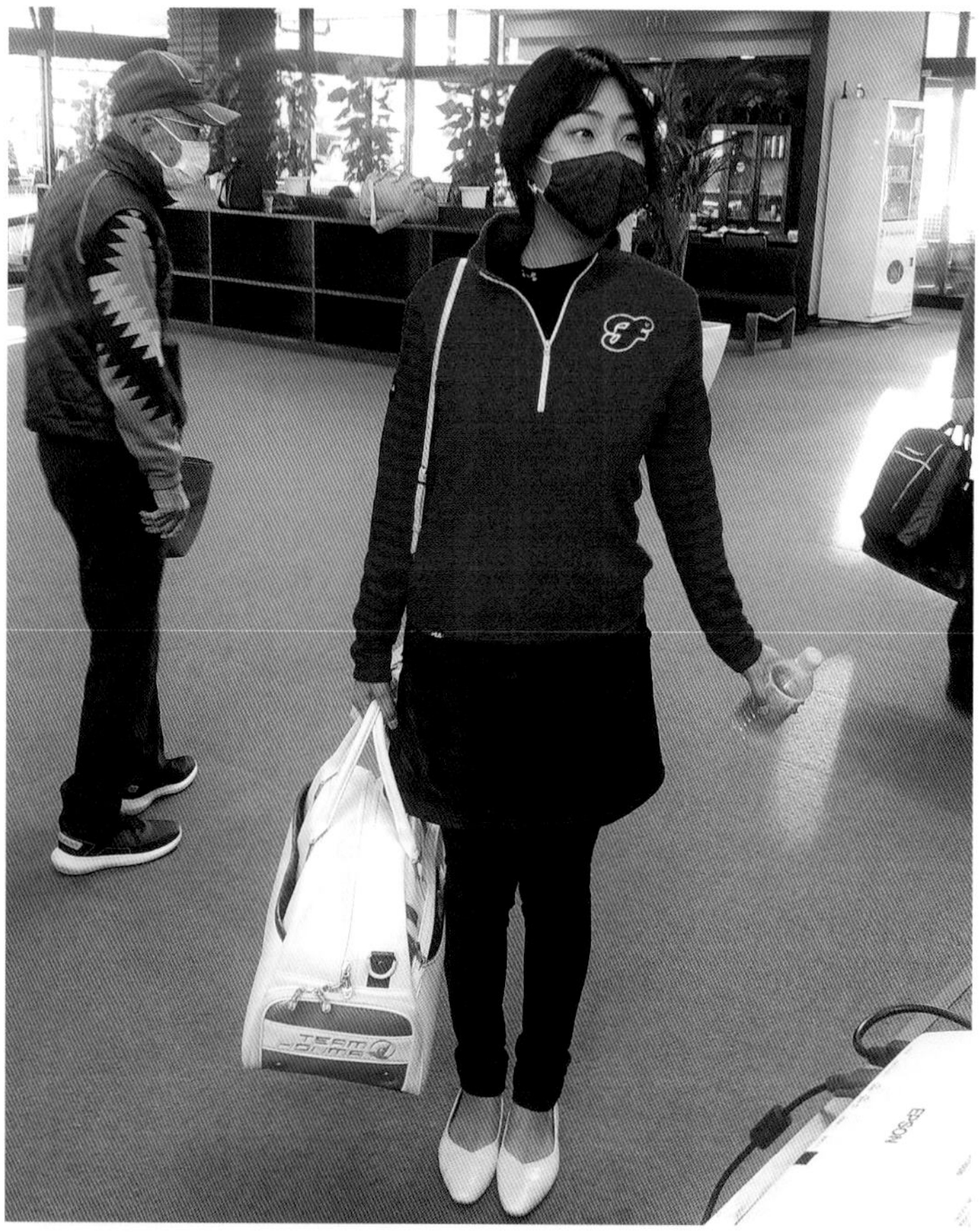

普段の和服姿とは一変、コロナ禍で真っ赤なゴルフウエアにマスク姿でコンペ会場に現れたあおいさん。ゴルフの話題もお座敷では欠かせない（新津カントリークラブ）

27

≪爽快≫ 気晴らしにゴルフ満喫

グリーンでゴルフを楽しむあおいさん
（新津カントリークラブ）

ゴルフが広く一般の人々にも愛されるようになったのは、1970年前後からだ。ゴルフコースが毎年100カ所を超える勢いで増え続けた。60年には195カ所だったコースが70年に583、75年には1093カ所になった。

「そのころ、古町の置屋組合でもゴルフの研修会があったそうです」

あおいが言う。当時は客から「ゴルフを一緒に」という要望も多かったのだろう。

「私が柳都振興に入ったとき、そういえば、三業会館のビルの敷地の中にゴルフ練習場がありましたよ。応接間の窓から見えるところに緑のネットが張ってあったんです」

ゴルフができる芸妓は、古町でも重宝されたのだろう。

「小千代姐さんはすっごく上手。美樹姐さんもうまかった」

かつて古町花柳界に100人を超す芸妓衆がいたころには、お馴染みさんに呼ばれてゴルフをする際にも「花代」がついたという。お座敷と同様に、それが仕事だったのだ。

宴席後の麻雀もそうだった。さすがに徹夜になったら全部ではないが、深夜まではたいてい花代をつけてくれたという。古町芸妓は楽しみながら仕事をさせてもらったわけだ。

あるお姐さんから教えてもらったことがある。

「古町芸妓はたいてい麻雀が好きでしたよ。お客さんに誘われて仕事で行くんだけど、お互いに遠慮はなし。他の花柳界の話を聞くと芸妓に甘い麻雀がほとんどみたいだけど、古町は違う。勝負は勝負。みんな好きでやっていたしね」

こんなところにも、古町芸妓の心意気、お客さんとの距離の近さを感じさせる。

あおいのゴルフの話に戻ろう。

「私はティーグラウンドが一番好き。ドライバーは結構得意で、一番真っすぐ行くし、安定感がある。それにティーグラウンドには夢がある。みんなにまだあらゆる可能性があるでしょ。バーディーもホールインワンもできるかもしれない。だから好き」

筆者などは、ゴルフのたびに自己嫌悪に陥る。ミスをするたび、惨めな思いに襲われる。だが、あおいはそんな気持ちには一度もなった経験がないという。

「ダフッたりチョロもする。ミスはしょっちゅうありますよ。でも、ゴルフは楽しい。だって、プレッシャーとか全然ないし、ゴルフは気晴らしだから楽しいばっかり！ 私はティーショットを打ったら、クラブを5、6本持って、走る。何回打っても、他の人たちに迷惑さえかけなければ、みんなが楽しい」

話を聞くだけで、さぞや楽しいゴルフだろうと思う。そして、なぜ自分は、ゴルフのプロでもないのに、一打一打、プライドの塊になって力むのだろう。そして悲惨なショットを繰り返すのだろう……。

あおいに大切なゴルフの楽しみ方を教えられた気がする。

ロシア語の「ハラショ」が歌詞に出てくる新潟小唄を「四つ竹」を使って振袖さんと踊るあおいさん（中央）

お座敷を一度でも経験した人はわかるだろう。おおむね2時間の宴席で、古町芸妓たちは動と静、ふたつの顔を演じ分ける。

襖を開け、日本髪に白塗り、振袖・留袖姿の芸妓衆がお座敷に姿を現した瞬間から、宴席は華やぎ、興奮と小さな歓声に包まれる。

28

《動と静》宴席から舞台 空気一変

その芸妓が自分のすぐ隣に座り、自己紹介の千社札を差し出してすぐお酒を注いでくれるのだから、初めての客はドギマギするだろう。高根の花だと思っていた芸妓があまりにも身近な存在になる。その落差に慣れるには少し時間が必要だ。

それからしばらく、お料理をいただきながらの談笑が続く。芸妓さんとも杯を酌み交わす。古町芸妓には気取りがない。まるで十年来の知己のような親しさで、アッと言う間に緊張感がほぐれる。

ところが、「ではそろそろ」と芸者衆がみな立ち上がり、部屋を出ると途端に、それまでの空気が行き場を失う。

「こっちを見て！ そんな強い気持ちで一歩目を踏み出します」

あおいが言った。

「一歩目が決まるかどうかが、大事です」

和やかに打ち解けた空気を一度リセットし、再び芸妓衆が襖を開けて登場するとき、それは踊りを披露する舞台の始まり。賑やかな宴席が、突然、小さな舞台に一変するのだ。

中には、突然の変化に順応できず、相変わらず大声ではしゃぐ客もいる。さっきまで親しく杯を交わし合った仲だ、冷やかし半分にかけ声を飛ばす酔客もいる。だが、芸妓はもうさっきまでの気さくな芸妓さんではなくなっている。

それを無言のうちに伝えることができるかどうか。

「最初の数年間は、踊りの手順を間違えないことで一生懸命でした。引き着（留袖）になってどれくらいかなあ、1年目くらいでしょうか。お座敷で明らかに劇的な変化を感じることがあったのです」

あおいが夢見るように振り返った。

「〝旅〟のお客様でした。踊るまでの間は、『日本髪はつけているけど、まあ、その辺にいるオネーチャンだろ』みたいに見下されていた。ご自分がいかにすごいかをアピールする感じでした。そのお客様の表情が、踊りが始まった途端、ガラッと変わった。

芸事で引き込むことができた、そういう確信がありました。

踊りが終わった後は、私たちに接する態度も言葉づかいも全然変わって、『いやあ、お姐さん、すごかった』って。急に『お姐さん』に変わっていました」

古町芸妓が、衣装をつけただけのコスプレーヤーではなく、日頃から芸を磨き、文化伝統の担い手として生きる存在であることが、理屈抜きに伝わった実感があった。

「それからです、芸事でお客様を引き込みたいという欲がでたのは」

それは、あおいが「芸妓の魅力、お座敷の醍醐味に目覚めた瞬間」でもあった。

29

《伏兵》
人間関係 敏感に見抜く

お座敷には、宴席が踊りの舞台に変わる瞬間の醍醐味がある。

「ガヤガヤしていたお座敷の空気が変わりますよね。三味線の音が鳴って、まず耳が向く。そしてお客さまの目が私たちに向く。さらに、『心』まで向いてくれるかどうか」

それがあおいの勝負。

常に追い求めているお座敷での境地といってもいいだろう。

「お客さまの目も体も心も向いてくれたら、私たちにも伝わります。踊っている自分が『乗る』のがわかります。その時のお座敷の一体感は言葉にできない喜びがあります。そこまで到達できるのは何回かに一度ですが、そういう一体感があることに気づけてよかった」

言葉で教えられてわかるものではない。自分が体験し、実感してこそわかる芸妓の喜び、そしてやりがい。

もちろん、踊りに至る前の時間にも、似たようなやりがいと難しさがあることを次第にあおいは感じるようになった。

「襖を開けて最初に入った瞬間、できるだけ短い時間でお座敷のすべてを察する必要があります。事前にどんなお客さまか教えられていないことがほとんどですから、その場の空気や席順で状況を理解しなければなりません」

お座敷はたいてい、接待する側とされる側で成り立っている。その両者がどの程度の親しさなのか、あるいは緊張感のある関係なのか。その日の席が、親交を深めるためなのか、硬直した関係を打破するきっかけにしたい席なのか……。一般的に、上座に座っている人たちが接待される側であるのは間違いない。数名いる場合、たいていはその中央にいる方が一番の重要人物だ。そういった人間関係を、まずは席順で、次第に会話のやりとりから把握するところから芸妓のもてなしが始まる。

宴席では、お酒を注ぐ順番さえ、間違えたら失礼になる。接待する側には大事な作法だ。そこに芸妓が敏感でなかったら元も子もない。かといって、すべて教えられもしない。しかも、お座敷は常識どおりとは限らない。

「意外な伏兵が潜んでいる場合があるんです」、あおいが愉快そうに言った。

「本当は一番偉い人なのに、あえて上座に座らない人がいるんです」

それを聞いて、思い浮かぶ顔があった。読者の周りにもいるのではないだろうか。あえて偉そうにしない、自分は目立たない席を好み、それでいて大きな影響力を持っている人が。

「それに気づけないとお座敷はうまくいきません」

芸妓が真のキーマンの存在に気づかず、その人への配慮を怠れば、他の客たちが気を遣う。空気はぎくしゃくするだろう。かといって、いかにも急にキーマンをヨイショすれば、それは最も彼が嫌う振る舞いに違いない。そうした人間関係を見抜くこと、ちょうどいい配慮をさりげなくする気遣いが「お座敷を回す役目」の芸妓には求められる。

客との会話には押し引きがある。お座敷で細やかな気配りで接待するあおいさん

30

《研修》先輩の支えで成長重ね

古町芸妓がお正月の踊りを披露する「新年顔合わせ会」で三味線を奏でる福豆世さん（右から２人目）

あおいの成長を、一番近い場所から見守り、ともに過ごし、影響を与えてきたのはやはり古町の先輩芸妓たちだ。

「あおいちゃんが入って来たときのこと、よく覚えていますよ」

楽しそうに話してくれたのは、「福豆世姐さん」だ。

「彼女たちは、柳都振興に入ったけれど、お座敷を見たことがないわけでしょ。料亭さんそのものが、どういうところかもわからない。それで、まだ正式にお座敷に出る前に、わがままが言えるお馴染みさんのお座敷にお手伝いがてら連れて行ったことがあります」

ほとんどの新人芸妓は、客としてお座敷を経験したことなく、この世界に入ってくる。白塗り、日本髪、振袖といった芸妓の姿は知っていても、仕事の内容は想像するだけで志願してくる。そこで、「おひろ芽」の前に、先輩たちが見学の機会を与えてくれるのだ。

「白塗りでなくてね、お稽古着を着せてもらって、髪はおさげ髪のまんま。あおいちゃんもその1人でした。最初はたしか行形亭さんでした。おビールの持ち方、お酌の仕方、お客さまを稽古台にさせてもらって。お客さまは若い子がお好きだから喜んでくださいます（笑い）」

幸い、〝研修〟のお座敷で粗相などはなかったという。

「あの人は、入ったときから明るさがありましたよね」

右も左もわからない研修生時代にも、あおいの明るさはお座敷で際立っていた。

「あおいちゃんの一番いいところは、『人を好きになるところ』です。男女を問わずね」

福豆世が核心を突くことを言った。

人を好きになる。

好きになられたら、誰もが心にやわらぎを得る。そして、温かな気持ちが芽生えるだろう。それは、芸妓にとって大切な資質であると同時に、この世が暮らしやすくなるための大切な手がかりではないだろうか。

けれど、天真爛漫に、人を好きになり続けて生きるのは難しい。裏切られ、落ち込み、思いが通じない経験を重ねるうちに、明るさを失って大人になるものだ。

しかし、あおいは様々な失敗や経験を重ねてなお、明るく、人を好きになり続けている。

「何事にも一生懸命。それも素晴らしい。でもね、一生懸命になり過ぎると、自分で辛くなることもあるでしょう。『あんまり走らないで！　たまには立ち止まって、自分で鏡を見て！』と言いたくなることもあります」

ちょっと心配そうに福豆世が言った。後輩たちの相談事にも親身になって応じている。話を聞き流すことができない。あおいは、そんなタイプでもあるらしい。

「しっかり話を聞いてあげればいい。こうしなさいまで言う必要はないと思うんですね。でもあの人、一生懸命になり過ぎちゃう」

そんなアドバイスをさりげなくくれる福豆世はじめ先輩芸妓たちの存在に支えられ、あおいは頼もしい成長を重ねてきた。

31

《目標》先輩と持ち味が正反対

新潟市の老舗料亭「鍋茶屋」で客を見送るあおいさん（左から２人目）と福豆世さん（同３人目）、女将の高橋すみさん（右）

「あおいちゃんは、恵まれていたんですよ」

福豆世がしみじみと振り返る。

「ひとつ上に、春花ちゃんという振袖さんがいた。そのころ古町ではトップと呼ばれる存在でした。彼女がいたからこそ、あおいちゃんはがんばれたんじゃないでしょうか。目標みたいな方がいたおかげでね」

春花は古町花柳界で伝説的に語られ、惜しまれる存在だ。結婚のためお座敷を離れたいまも時折、馴染み客が「春花、戻ってこないかなあ」と懐かしむ声を私も聞かされる。

福豆世が続ける。

「良かったのは、2人のタイプがまったく違っていたことでしょう。持ち味が正反対でしたからね。それもあおいちゃんにとっては良い風に回っていった。自分の持ち味を伸ばせていけたのですから」

春花は、静かで現代的な日本女性タイプ。線が細く、支えてあげたくなるような、愛しさと儚さを漂わせている。語り口は静かで、テンポもおっとりしている。

あおいは、行動的でエネルギッシュな空気を全身に纏っている。姉御肌というと失礼かもしれないが、後輩たちも顧客さえも、あおいの気風の良さに励まされ、惚れてしまう。

福豆世が言うように、もし2人が同じタイプなら、後輩のあおいは方向がかぶらないよう、本来の自分の持ち味を少し変える必要があったかもしれない。

けれど、元々2人の性格や雰囲気が対照的だったおかげで、あおいはあおいらしくあることを求め続ければ良かった。

春花を追いかけ、自分らしさを磨いたあおいも、ほどなく春花に肩を並べる人気芸妓となった。

プロ野球界にON（王、長嶋）がいたように、相撲界に栃若（栃錦、若乃花）時代や柏鵬（柏戸、大鵬）時代があったように、その分野が一世を風靡するときには必ずといっていいほど、1人ではなく、2人の星が輝いている。そして、その周辺にまた煌めく星たちがいる。

春花がいて、あおいがいた。2人はやがて、伝説のポスターの主役を務める。

JR東日本の観光誘致ポスター。「来なれて、新潟」のコピーを彩る写真のモデルに選ばれたのは、振袖姿の春花とあおいだ。

貼っても貼っても取られてなくなってしまうと〝事件〟にさえなった。いま見ても、初々しくも華やかさのあふれるポスターだ。

「あおいちゃんは、本当に一生懸命勉強もしますしね。その場その場に合う会話や振る舞いもきちんとできる。頭の回転もいいんです」

生来備えていた資質に加えて、めぐり合わせの運も加勢して、あおいは成長を重ねてきた。

人には出会いや運が大切だ。

あおいはそうした偶然にも恵まれ、古町花柳界の階段を一歩一歩、歩み続けてきた。

32

《特技》踊り、三味線、唄選択の時

地方役を務めるあおいさん(左)。振袖さんの舞いを盛り上げる

「福豆世姐さん」が古町花柳界にデビューしたのは、1956(昭和31)年。筆者が生まれた年。芸歴60年を越える。その福豆世が言う。

「あおいちゃんはね、いまが一番いい時期でしょう。年齢的にもちょうど動きやすい、30代半ば。彼女の持ち味が生かせる時ですね」

福豆世の言葉には、力強さと真剣な心根がこもっていた。私が、

「かと言って、お座敷の主役と言う表現は違うでしょうか?」と尋ねると、福豆世はきっぱり答えた。

「主役です。あおいちゃんはいまがその時期です」

花柳界のお座敷と言えば、振袖さんが一番注目を浴びがちだ。

振袖さんはその若さと華やかさでお座敷を彩る名花。だが、お座敷はそれだけで客を満足させられるわけではない。

「お座敷を回す」という大事な役目がお座敷の成否を分けるのだ。

その役割は振袖の務めでもないし、振袖にできる領域でもない。これまでは、大先輩のお姐さん方にすっかり頼り切っていたが、そろそろあおいや柳都振興の先輩である紅子、あやめらがその役を担っていく必要がある。そして、

「この先は、自分が何を一番にして行くか、見定めなければなりません」

福豆世が言った。

「あおいちゃんは何でもやりたいタイプだし、いまはもちろん芸事すべてにがんばっている。もちろん全部必要です。知っておかなきゃいけない。お茶でもお花でもね。だけどいずれ、自分に一番適している芸を選ぶ時期が来ます」

福豆世にとっては、それが三味線だった。

「私は30代の後半から三味線にはまっていきました。いま思えば、それがよかったですね」

福豆世は踊りも唄も超一流、「古町の宝」と称される芸妓だが、とりわけ「三味線といえば福豆世」「福豆世といえば三味線」、それは福豆世の代名詞にさえなっている。

そして例えば、「唄といえば延子姐さん」といった、それぞれの売り物があると親しまれるし、活躍の場を長く得ることができる。

では、あおいには「何が一番」なのか。踊りか? 三味線か? 唄か?

「本人が好きって言うのと、周りが見て『本当はこれだ』というのが違う場合もあります。もちろん、本人が好きでなければいけませんが、若い時代は華やかなものに魅(ひ)かれますから、案外、他人の見る目と違う場合もあるのです」

福豆世が少し思いを含んだ言い方をした。福豆世の中には、あおいの生きる道がこれではないか、これであってほしいという芸事があるような雰囲気だった。

それは何か?

聞きたげなこちらの思いを察したように、福豆世が言った。

「それはいずれ、本人に言います」

冠婚葬祭 VIP GROUP

地域に根差し、
みなさまに寄り添います。

新潟県内4の結婚式場

●ジオ・ワールド ビップ
三条市旭町2-8-57 ☎0256-35-1143

●ヒルサイドヴィラ シエルヴェルト
長岡市上除町1510-1 ☎0258-47-1143

●ハミングプラザ VIP 新潟
新潟市中央区上所2-11-33 ☎025-285-1143

●アーフランシェル クィーンズコート
上越市下門前872-1 ☎025-539-0008

新潟県内31の VIPシティホール

抗菌印刷

「抗菌印刷」で安全性とブランド力アップ

第一印刷所

SDGs宣言

私たちはコミュニケーション事業を通じて
持続可能な社会の実現をめざします。

SUSTAINABLE DEVELOPMENT GOALS

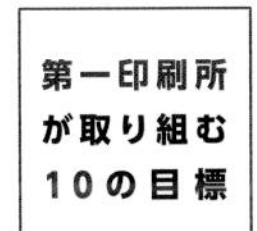

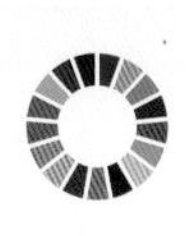

dp 株式會社 第一印刷所
HP https://www.dip.co.jp/

本社／新潟市中央区和合町2丁目4番18号 TEL(025)285-7161㈹〈企画開発本部〉
東京本部／デジタルソリューション部／中越支店／上越支店／情報工房DOC県央／情報工房DOC佐渡
情報工房DOC 朱鷺メッセ店・万代メディアシップ店・新潟古町まちみなと情報館店

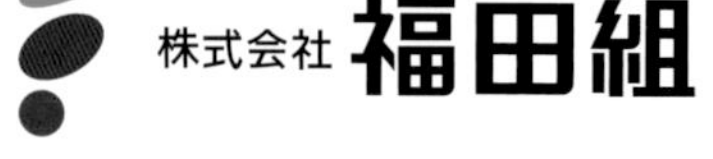

本社／〒951-8668 新潟市中央区一番堀通町３番地10
東京本社／〒102-0073 東京都千代田区九段北３丁目２番４号メヂカルフレンドビル
本・支店／新潟・東京／東北・名古屋・大阪・九州・中越・北海道
URL https://www.fkd.co.jp/

FUJIFILM
株式会社 新潟フジカラー
http://www.fuji-icom.co.jp

新潟フジカラーは、日本文化の総合芸術 古町芸妓と
柳都・新潟の経済・文化の発展を応援します

第一興商とカラオケビッグエコーは

古町芸妓

を応援しています

このカラオケには、Aiがある。

LIVEDAM Ai

歌って元気
だしていこー

第一興商　業務用カラオケリース・販売・BGM

株式会社 新潟第一興商

〒951-8046 新潟県新潟市中央区秣川岸通1-2300
TEL：025(224)4075 FAX：025(224)7749

0120-244-075

KAGATA
https://www.kagata.co.jp
迷いながらも、歩みは止めない。
道は続く、未来に想いを馳せる。
やってくる時代に、
何をつくろう。
株式会社 加賀田組
本　社：〒950-8586　新潟市中央区万代4丁目5番15号
TEL.025-247-5171(代表)　FAX.025-247-8862
支　店：新潟・東京・東北
営業所：上越・中越・下越・三条・村上・燕・千葉・埼玉
●スマホからもアクセス▶▶▶

日本文化の総合芸術 古町芸妓と
柳都・新潟の経済・文化の
発展を応援します

清・掃・は・文・化
WEST
株式会社ウエスト
これからも、ずっと一緒に。ウエストグループ。
株式会社 ウエスト
新潟市中央区山二ツ521-1 TEL.025-287-3841 FAX.025-287-3882

ウオロク
ウオロクは、おいしく楽しい食卓と
便利で豊かな生活を提供し、
地域の食文化を支えます。
株式会社ウオロク
新潟市中央区鐙二丁目14番13号
代表取締役社長　本多 伸一

振袖さんの初々しい舞いもお座敷を和ませる。右から咲也子さん、志穂さん

33

《憧憬》先輩の助言 心の支えに

久々に訪ねた新潟・行形亭のお座敷で咲也子に会った。2年ぶりの再会だった。前回は花柳界にデビューして数カ月、半玉（見習い）を終えたばかりだった。

お座敷で咲也子の笑顔を見てホッとした。同時に、その変化に背筋が伸びた。

ホッとしたのは、咲也子の笑顔が晴れ渡り、曇りがなかったからだ。

悩みを引きずる陰がなく、お座敷で客に会うことを楽しんでいる様子が伝わってきた。もちろん、悩みや葛藤は日々あるに違いない。だが、それらを自分の中で消化して、笑顔でお座敷を務める意欲と喜びが勝っているように感じられた。

実は古町花柳界の気になる現実を私は一方で案じていた。わずか2年の間に5人が花柳界を離れている。咲也子の同期は4人だったが、いまはさつきと2人になった。

新陳代謝の激しさを知らされ、容易ならざる現実を感じている。なかなか12人前後の世帯を大きくできない。増えても離れる。それでなくても一人前になるには年月がかかるのが芸妓の世界だ。優秀な人材を維持するのは容易ではないことを改めて知らされる。

だが、2年ぶりに会った咲也子の〝変化〟には、想定を超える確かな手ごたえも感じた。

白塗り、日本髪、振袖姿が板についている。ごく自然に、古町芸妓・咲也子がそこに座って笑っていた。思えば以前は着せ替え人形みたいに、女子高生が芸妓の衣装を身に纏いはにかんでいるようにも見えた。

2年の年月、稽古の日々とお座敷での経験がこうして咲也子に変化成長をもたらす。それを一目で実感できて頼もしく感じた。

「毎日踊れる職業につけて本当によかったです」

咲也子が言った。

「踊りが好き。お稽古も楽しい。お座敷で踊るのもうれしい。踊れる曲をもっと増やしたい」

まだうまくできないのは「お客さまとの会話」だという。

「会話の始め方が難しい。どうしても、お客さまから話しかけてくださるのを待っている感じです」

申し訳なさそうに咲也子が言った。

「あおいさんは知識も豊富で、どんな会話にも自然と応じられます。初対面のお客さまでも、あおいさんから会話を始めて、それでお座敷が和やかになります」

先輩あおいは、咲也子たちにとって憧れの存在であり、難しい課題や疑問に自らの振る舞いで答えてくれるお手本でもある。

「自分たちが一緒にお座敷を楽しまないと、お客さまは楽しめないよ」

咲也子は、あおいに教えられたその助言をいつも心に留めている。

「困っていることがあったら何でも聞いてねって、あおいさんには言ってもらっています。本当に困って何か聞いたら、必ず答えが返ってきます（笑い）」

あおいは、若い芸妓たちにとっても心強い存在なのだ。

34

《美樹》頼りになる「お姐さん」

美樹さん（右）とあおいさん。新潟まつりでの一コマ

「私が高校をやめて芸者になると言った時、父親に大反対されました」

古町芸妓の美樹が言う。「昭和41（1966）年の7月、16歳の夏でした。母も芸者で、姉が芸者になると言った時、私は反対したのですが、自分もその年ごろになったら、どんなものか一度やってみたいと思ったんですね」

当時は、置屋に奉公したら普段の生活はもとより、お座敷に出る衣装など一式面倒を見てくれた。その代わり、給料なしで働く決まりだった。

「18歳を過ぎると一本になり、20歳で看板を買って独立する人が多かったですね」

古町がいまより遥かに賑やかだった時代。

「若いころは、忙しかった。お正月なんて朝の10時半から働いて夜遅くまで。楽しかったですねえ。苦しいなんて思わない。今日はお座敷に出たくないなんて思ったことは一度もありませんでした」

30代になって美樹は子どもを授かり、一度お座敷を離れた。子育てに専念していたが、お座敷が忙しく、請われて花柳界に復帰した。

そして25年ほど前から、古町に隣接する西堀前通で日本料理店の女将も務めている。イタリア軒のはす向かい。かつて三業会館があったすぐ並びだ。「酒亭　久本」の名は、美樹の母の置屋の名前に由来している。

「ここは昔、寿賀子姐さんという、古町でも一流の芸者さんがやっておられたお店です。寿賀子姐さんの踊りはほんと一流でした。その当時は『分唐津』という名前でした。その寿賀子姐さんが60歳でやめる時、私が後を継いだのです。お姐さんの中には、バーをやっていらした方もいます。芸者とお店の経営、二業の人はけっこういましたよ」

店を継いだのは、少しずつ古町花柳界の勢いに陰りが見え始め、「お座敷がだめになったら、この子を育てていけない」と案じた美樹の選択だった。

いま古町花柳界には、柳都振興ができる以前からお座敷に出ていたベテラン芸妓と、柳都振興に所属する若い芸妓、それにあおいのように柳都振興から独立した芸妓がいる。美樹は、「お姐さん」と呼ばれるベテラン芸妓の中では一番若い。柳都振興の芸妓たちにとっては最も年の近い先輩とあって、新人時代から何かにつけて世話になっている。

「美樹さんは私のすべてを知っています（笑い）。よくケンカもしました」

あおいがそう言って笑う。

美樹に確かめると、

「『しました』じゃなくて、いまもしょっちゅうしています」

と笑った。

ケンカするほど仲がいいという。あおいにとって美樹は、時には食ってかかることもできる、心おきなく甘えられるありがたい姐さんに違いない。

「似ているのよね。生き方があまりにも」

美樹がつぶやいた。

「若いころはやんちゃで、のんべえで」

美樹にとってもあおいは妹のようにかわいい存在のようだ。

いまから15年ほど前、新人のころの初々しいあおいさん（左）と華乃さん

35

《交流》

よその縁 薄れ寂しさ

「あおいは最初に出た時からかわいかった。何としても育てようと、古町のお姐さんたちがみんなでね。いまではもう一流のお姐さんです」

あおいが花柳界にデビューした時からずっと見守り、助言を続ける美樹が言う。

「あの子は気風がいい、姉さん肌で、後輩のこともよく考えている。あとね、あおいは化粧が早いのよ。30分もあればできる。それはほら、元がいい、綺麗だし、肌がいい、お化粧に合うのよね」

新人芸妓の中には、白塗りが肌に合わず、肌荒れがひどくて苦労する女性がいると聞かされたことがある。その点、あおいは「肌が合う」という。芸妓としての天性、花柳界との相性の良さをあおいは備えているのだろう。

「あおいは『座持ち』がいいのよ。芸者は座持ちです。どんなお客さまでもお相手できる。あおいは明るくて、頭の回転が速いしね。

お客さまのもてなし方が上手。あおいを見て、若い子たちが育っている。さつきや咲也子や、明るくていいでしょ。ご贔屓さんもだいぶついてきたしね」

あおいの与える好影響が、古町花柳界全体に伝播していると美樹は感じている。

「昔はね、つまらなそうにしている芸者もいました。そんな、もちろんダメですよ。姐さん方にすぐ怒られます。でもね、機嫌のいい日や悪い日があったり。あおいには一切、そういうことがありません」

それは、あおい自身のプライドでもある。あおいがこう言ったことがある。

「プライベートが良くないと、お座敷もうまくいきません。でも、たとえプライベートで嫌なことがあっても、お座敷には持ち込まない。それは当然です」

長く古町花柳界で暮らしてきた美樹が、少し寂しく感じることがあるという。それは、

「以前は祇園のお姐さんたちもお客さまに連れられてしょっちゅう古町においでになってました。お客さまを通じて、ほかの地域の芸者さんとの交流が盛んでした。

鍋茶屋の女将さんの実家である京都・富美代の女将さんと年じゅう一緒に来られてましたし。いまはそういう機会がなくなりましたね」

祇園と新潟古町を股にかけて遊ぶ豪傑も少なくなって、他地区との交流が希薄になったばかりでなく、古町の名声が祇園や全国に届く機会も少なくなった。

美樹が若いころは、政財界の著名人はもとより、映画俳優、国民的歌手、歌舞伎役者など、誰もが知っている大御所たちもしばしば古町花柳界のお座敷を訪れていた。

「遊びのスケールが変わったというか、芸能人の方も遊びを知らなくなった気がします」

粋な遊びの楽しさが忘れられそうな寂しさ。

新潟・古町の良さをもっと全国に響かせ、粋な遊びを復活させることも、美樹からあおいに託された大事な務めだ。

36

《不滅》優雅な時空守る使命感

新潟・西大畑の行形亭は、創業300年になる、新潟を代表する料亭のひとつだ。

門をくぐると、自然あふれる庭園が広がる。その周りにいくつか建物があり、広さや用途の違うお座敷がある。ホームページには「品と格のおもてなし」とあり、こう綴られている。

「行形亭には、樹齢数百年の自然木の黒松をはじめ、数々の古木が植えられた二千坪を超す庭がございます。趣のある築山や池、可憐に咲く草花は季節の風情を感じさせてくれます。情緒豊かに移ろう日本の美を背景にいただく日本食は、まさに至極。日本人が大切にしてきた美しい原風景を愛でながら、ごゆっくりとお召し上がりください」

一度でも行形亭の宴席を経験した人ならこの口上が飾ったものでなく、まさに行形亭をそのまま表していると深くうなずくだろう。

私は文章を書いて生きる上で、「ありのままの自然体」を心がけてきた。実際以上でもなく以下でもなく、見て感じたそのままを伝える。それが案外難しい。忖度する邪念、持ち上げる気持ち、あるいは余計に謙遜し卑下する意識も人間にはある。そうした余分な気遣いを排除し、澄んだ気持ちで書くには一定の覚悟と鍛錬がいる。

行形亭の挨拶文には誇張も卑下もない。それは300年の歴史に根差した伝統を謙虚にそして誇りを持って受け継ぐ担い手の生きざまをそのまま反映している。

明治維新があり、戦争があり、新潟地震があり、オイルショックがあり、バブルの崩壊があり、好景気もあれば不況もあった。そうした荒波を行形亭はすべて乗り越え、今日に至っている。その苦労は想像も及ばない。いまこのご時世に、新潟駅から車で10分足らずの街中に二千坪を超える庭園を維持するだけでもどれほど大変か。よほどその構えに使命感を持たなければ、別の業態に変貌させる方が遥かに容易だろう。マンションにしませんか、洋風の宴会場に変えませんか、といった誘いがあっても不思議ではない。

だが、行形亭は行形亭のまま西大畑にあり続けている。その貴さに、私たちはもっと心を向けるべきではないだろうか。この庭園とお座敷と美しい会席料理、そして古町芸妓が華を添える優雅な時空は一度失われたら二度と甦りはしない。それをずっと守り続けているのが古町花柳界だ。

コロナ禍は花柳界をも直撃した。「宴会がほとんどなくなりました。うちは『宴会屋』ですから厳しいです。個人のお客さまには来ていただいていますが、売り上げは大幅に落ちています」、行形亭の社長行形和滋が言う。「実際にはすべて個室で、お手洗いも各部屋にあります。他のお客さまとの接触はゼロですし、感染対策には十分配慮しています」

前例のない事態、先の展望が見えない中で不安はなかったかと尋ねたが、行形のまなざしはあくまで未来に向いていた。

「こんな時だからできることをと、若手料理人にお座敷を体験する機会を作ったんですよ」

うれしそうに教えてくれた。

新潟を代表する老舗料亭「行形亭」のアプローチ

37

《狭く深く》お座敷文化 魅力を発信

新潟三業協同組合理事長として新潟市長（左）に要望書を手渡す行形和滋さん

「新潟市と商工会議所が『花代補助』をしてくれたので、料理屋仲間で相談して『若手料理人たちにお座敷を経験してもらう会を催そう』となったんです。『割烹　秋やま』さんが協力してくれて、全部で12～13人。うちからは20代の見習いの子ばかり4人が参加しました。2年目の2人と5年目の2人です。芸者さんは、延子姐さんと結衣さん、さつきさんが来てくれたようです」

行形亭の社長・行形和滋がうれしそうに話してくれた。古町花柳界を陰で支える料亭の料理人、ことに若手の見習いさんは毎日お座敷で振る舞うお料理を作りながら、実は宴席の光景を垣間見る機会さえない。

「普段はずっと調理場にいますから、若い料理人たちは芸妓さんの姿だってチラッと見るかどうか。ほとんど接する機会はありません。それでお座敷体験を思いついたのですが、『とっても楽しかった』『また呼びたい』と喜んで帰ってきました。お座敷遊びも楽しかったようです」

料亭の若い料理人たちが、お座敷の楽しさを知った。仕事のやりがいが増すのは言うまでもないだろう。普段、自分たちが作る料理が、どんな席で、どんな雰囲気を彩っているのか。その光景が目に浮かぶことで、気合の入り方も違うというものだ。

行形は、新しい顧客が料亭や芸妓文化に親しむための機会も作ろうと尽力している。

「うちの若女将（貴子）が、『いまさら聞けないお座敷マナー講座』みたいな企画をやってもらえないかとお客さまから頼まれたというので、計画しています」

行形は、新潟大学歯学部が行っている『食べる』をテーマにした講座を年に一度担当している。

「そこで話している内容をベースにした講座を考えています」

医師や経営者も含め、中年以上の希望者が多いという。少し前の時代なら、当然のように若いころからお座敷に馴れ親しんでいるはずの人たちがお座敷を経験せず年齢を重ねた。まさに「いまさら聞けない」けれど、遅まきながらでもお座敷文化に親しみたい、そんな紳士淑女を招き入れるためなら願ってもない機会になるだろう。

「まだまだ古町花柳界の宣伝が足りていないと思います」

県内外で古町を知らない人が多い現状を憂いて行形が言う。

「でもね、イベントで芸妓さんを見ただけでお座敷を体験したと思ってもらっても困ります。広く浅くでない方がいいと私は考えています。多くの人に知っていただくことも大切ですが、『狭く深く』がいい。実際にお座敷に来てくださる方に魅力を伝えたいのです」

新潟三業協同組合の理事長でもある行形は、商工会議所と協力して、ネットで配信する古町芸妓のPR動画やお座敷のわかりやすい利用案内動画も製作中だ。

38

《栄華》

菊池寛ら文士が出入り

創業170年余りの老舗料亭「鍋茶屋」。その名も鍋茶屋通りに面した白壁が印象的だ

「明治時代に巨然として名を成せるものに鍋茶屋あり」

旧新潟市史に記されている鍋茶屋は、いまも新潟を代表する料亭だ。

創業は、明治維新の22年前、1846（弘化3）年。12代将軍・徳川家慶の時代。維新の後、78（明治11）年、明治天皇がご巡幸の折、料理を調進したのが「初代の栄光」とホームページは伝えている。

随行したのは、右大臣・岩倉具視、参議兼大蔵卿・大隈重信、参議兼工部卿・井上馨ら錚々（そうそう）たる面々、総勢800人。これを立派に遂げた鍋茶屋は県内外から高い名声を得た。

古町花柳界の歴史をたどると、しばしば「賑やかなころには、芸妓が500人もいた」といった伝説を聞かされる。その活況がどれほどのものか想像に難くないが、鍋茶屋の歴史の中に次の一節を見つけ、改めて深く感じ入るものがあった。

「幕府が長岡藩から新潟を引き取ったときの新潟の男の人口が、老壮若取りまぜて1万952人（男女計2万4431人）ですから、男の数にくらべて、芸者500人はなんとも多い。新潟の町人のみでなく、越後の国内外からの人の出入りが、港を中心にして大変多かったという証拠になるでしょう」（鍋茶屋ホームページより）

500人はそれだけでも多い数だが、当時の主な客だった男性が1万人と聞けばいっそう、その多さに驚く。

いま新潟市の人口は約78万5千人、男性は約37万8千人。当時の割合を換算すれば、芸妓が1万7千人以上いなければ追いつかない計算になる。

それほどの芸妓が日々お座敷を務めていたのは、港町・新潟が大勢の旅人で連日賑わっていたことをしのばせる。現在とは人の流れ、花柳界の役割がまた大きく違ったのだろう。

冊子として出版されている『鍋茶屋ものがたり』には、次のように綴（つづ）られている。

「古町花街は、徳川時代も明治以降も、多くの文人に愛されました。頼三樹三郎や寺門静軒については徳川時代、その後では菊池寛の名が著名です。

菊池と新潟花街の縁は競馬が取り持ったようで、菊池は昭和の初めごろから当時関屋にあった新潟競馬場に、よく姿を見せるようになったといいます」

「菊池の縁で久米正雄、大仏次郎、佐佐木茂索、川口松太郎、吉川英治など、日本の文壇を背負って立つ文士の人たちも、新潟花街に出入りするようになりました。戦後になると、吉田（茂）元総理の子、健一も、師匠格の河上徹太郎に連れられて、古町へ遊びに来るようになりました。

こうした華麗な人脈に一役買ったのが時代時代の名物芸妓で、戦前から戦後にかけて『広子、姫子時代』といまに語り継がれる名妓が登場。戦後では、まり子、寿賀子、幸子の三人による市山流の相川音頭の組踊りが話題となり、花柳界の大きな財産となりました」

あおいらいまの古町芸妓があるのは、こうした先人たちの研鑽（けんさん）と活躍あってこそと、改めて知らされる。

39

《素直》感謝し学ぶ姿勢忘れず

「秋になってまあまあお座敷も賑やかになったのですが、第3波が来てまた見通しが立たなくなりましたね」

鍋茶屋の女将・高橋すみが話してくれた。

「京都も厳しいらしいです。キャンセルが続いているって。ここが我慢のしどころです。芸妓さんはお稽古をしっかりするなど、『備えの時間』だと思っています」

200年の歴史を誇る京都のお茶屋・富美代の次女に生まれ育った。富美代は姉の太田紀美が継ぎ、すみは鍋茶屋に嫁いだ。あおいのことは柳都振興に入った当初から見守っている。

「あおいちゃんは出た時からひたむきで、本当に一生懸命な子でした。『お客さまのお話に興味を持ちなさい』と助言すれば、食いつくようにお客さまのお話を聞く子でした。熱心に聞いてくれたらお客さまもうれしいし、もっと聞いてほしいってお気持ちになられますよね」

柳都振興が誕生してから毎年新しい芸妓がデビューしている。その中でも、

「私を見て！」

「次も私を呼んでください！」

というオーラを誰よりも発していたのは「あおいだ」と、これはすみだけでなく、多くの人たちの一致した証言だ。

「花柳界は、走り過ぎる子には厳しいところもあるんですけど、あおいちゃんはみんなに愛されています。素直ですから。あおいちゃんは私のことが怖いらしいけど、こころで時に注意すべきことはしておかないといけません（笑い）。あおいちゃんが素直に受け取ってくれる子だから言うんです」

厳しく言ってもわだかまりを残さない。素直に受け止め、学び、感謝する姿勢があおいにあるからだ。

「あおいちゃんの独立はうれしかった。『花柳界でやって行こう』という気持ちの表れですからね。会社（柳都振興）にいた時と違って大変でしょうが、必死になって、若い世代のリーダーとしてがんばってくれている。ありがたいことですね。

心配なのは息切れしないように。ちょっと余裕も出てきたようだから、大丈夫でしょう」

コロナ禍を越えて、古町花柳界はどう活気を取り戻すのか。

「外から来ていただくのもひとつですが、やはり地元が大事です。

仙台に行ったことがありますが、仙台は一時、東京からのお客さまでとても賑わった。ところが、地震もあってよそから来られなくなって途端に廃れてしまった。

地元があっての花柳界、料亭文化なのです」

地元を大切にし、地元にかわいがられ、地元に根ざしてこそ県外海外への発展がある。芸妓にとっても、地元のお客さまこそが最大の支援者であることは言うまでもない。

「芸妓は芸事を突きつめて伸びる。お座敷で伸びる。いいお客さまが多いと、それによって芸者衆も成長するんです。人が、一生懸命やれる時期は短いでしょう。あおいちゃんはいまがんばり時だと思います」

鍋茶屋の女将・高橋すみさん

お座敷遊びとして伝わる「樽拳」

40

《魅力》頑張りを前面に出す子

寿むら（新潟市中央区古町通9番町）の2代目・平野千恵子が、母親の始めたお店を継ごうと決めた理由を話してくれた。

「やっぱり華やかさでしょうか。三味線の音、それと匂いですね。少女のころ、お正月といえば鬢つけ油、注連縄、それにのっぺ汁、粕汁といった冬の匂いがありました。懐かしく思い出されます。やっぱり、花柳界は魅力のあるところなのです」

ご主人の転勤先から新潟に戻った時、店を手伝い始めた。母の姿を横目で見て育ったが、それまで商売に携わった経験はなかったから、「仲居として使ってください」と頼み、一から修行を始めた。

「その後、柳都振興ができました。それまでの芸妓さんとは異質な、全然違うお嬢さんたちばかりでしたから、続くわけがないと思っていた方が大半です。よく続いたと思います。お姐さんの中にはまだ若い人もいましたから最初はぎこちなかった。けれどだんだん柳都の子が育ってくると、この子たち（振袖さん）がいるから自分たちも活躍できるとわかって、お姐さんたちが若い子を引き立ててくれました。

柳都の芸妓さんも伸びが早いですね。あっという間に進歩します。とくにいまの子たちは〝意識の高さ〟がすごいです」

そんな中で、あおいは平野にとっても印象深い存在だった。

「あおいは入った時からユニークでした」

平野が笑う。

「ルックスがいい、お酒が強い。『これで私は売る』って、がんばりが見える子。それを前面に出そうとする子でした。そういうあおいのよさが、大きな会社の経営者の方ならすぐわかりますから、ご贔屓もつきました」

古町芸妓でただひとり高校の後輩でもあり、平野自身、

「あおいの贔屓だ」

という。が、応援するのはそれ以上に「あの人、正直だし、がんばっているから」だ。

「お座敷を作るのはお客さまです。でも遊びを知っている方が少なくなりました。お座敷は日本人なら絶対面白いところです。いまは、お客さまに楽しさを知っていただくことも大事だと思っています。

お座敷遊びのひとつに『拳』があります。樽拳のほか、柳拳、迷惑拳など種類があります。こうした遊びを覚えたら楽しいですよ。あおいはとても勉強熱心なので、いろいろな拳をお姐さんたちに教わっていました。私も相手をしたことがあります。覚えは早かったですね。いまではあおいがお座敷で拳を知らないお客さまも楽しませてくれています」

拳は、お互いの心理を読み合ってする遊び。奥が深く、お座敷が盛り上がる。

最後に、今後のあおいへの期待を聞くと、平野は言った。

「芸妓さんはやはり芸です。三味線、唄、踊り……。

美しさは一瞬です。あおいが芸の技量をさらに伸ばして行くことを期待しています」

50th ANNIVERSARY
MGC
社会と分かち合える
価値の創造。
三菱ガス化学
MITSUBISHI GAS CHEMICAL

日本文化の総合芸術
古町芸妓と
柳都・新潟の経済・文化の
発展を応援します

ふるさと新潟の伝統と文化を
放送を通して伝えていく事が
私たちの使命です
いつか芸妓さんと
踊りたい
TeNY

これからも
変動していく時代を見つめながら、
お客さまの生活に密着した
総合不動産サービスをお届けします。
日生不動産グループは、長年培った総合不動産サービスにおける
ノウハウや信頼関係を基盤とし、より快適なお住まい探し、生活を豊か
にする資産運用、ビジネス環境の整備など各種不動産事業について、
グループ5社が結束して、お客様とともに歩み、よりきめ細やかに、
そして安心頂ける総合不動産サービスをこれからもご提供して参ります。
あしたへ、あなたへ。
日生不動産
GROUP
〒950-0973 新潟市中央区上近江4丁目1番3号
TEL025-285-1010(代) FAX025-285-1012
www.nissay-re.net

美しいふるさと新潟を
伝え続けます

NST 新潟総合テレビ
新潟市中央区八千代2-3-1 TEL.025-245-8181

新潟古町芸妓を応援しています

公益財団法人
新潟観光コンベンション協会

新潟市中央区西堀前通6番町894-1
TEL 025-223-8181
新潟市の観光イベント情報はこちら ▶

新潟鉄道荷物株式会社
代表取締役社長 川井敦史

越後のくに
柚餅子
Art nouveau
アール・ヌーヴォー

越後のくにの糯米、奥阿賀(旧津川町)山中で採れる鬼ぐるみを主原料に、
古くから伝わる柚餅子を新しい技術で深い味わいに仕立てました。
包紙はアール・ヌーヴォー様式のデザインで表現。
柚餅子は温故知新。粋美を凝らした逸品です。

童心菓匠
丸屋本店
本店 新潟市中央区古町十字路
TEL 025-229-3335

世界に開かれたボーダレス企業へ。
リンコーは、新潟港と共にさらなる飛躍をめざします。

RINKO 株式会社リンコーコーポレーション
代表取締役社長 南波秀憲
■本社 新潟市中央区万代5丁目11番30号 TEL:025-245-4113
■東港支社 北蒲原郡聖籠町東港3丁目170番地16 TEL:025-256-4120

美容室 TOKIO は柳都新潟の女性の
Beauty をサポートさせて頂きます。

TOKIO platinum
新潟伊勢丹6F Tel 0120-489814

TOKIO garden
メディアシップ4F Tel 0120-489181

TOKIO gold
ホテルオークラ新潟1F Tel 0120-489931

満足から、自信へ。
TOKIO

SUNTORY

サントリー酒類株式会社
関東・甲信越支社　新潟支店
新潟市中央区東堀前通6番町1058-1　TEL 025-225-3040

新潟 加島屋

創業1855年。手間を惜しまない丁寧な味づくりを貫いています。

株式会社 加島屋
〒951-8612　新潟市中央区東堀前通8番町　☎ 0120-00-5050

あなたの経営　応援します!!
パワーアップ5000運動実施中

新潟商工会議所
会 頭　福 田 勝 之

新潟市中央区万代島5-1　万代島ビル7階
電話（025）290-4411

地元・新潟を中心に歴史と伝統を積み重ねてまいります。
創業1933年 とうこう

博　多

袴を穿かず着物と博多帯だけを
締めた着こなし方を着流しといい、
粋な旦那衆は着流しで博多帯、
そっと出ていく古町の夜。

新潟の古き良き思いを込めて博多帯をイメージした和菓子です。

株式会社 里仙　本店　新潟市中央区古町通13番町2850
電話（025）228-9234（代表）　FAX（025）222-6470

三味線をつま弾く紅子さん

41

《紅子》経験と出会い充実の今

あおいに続いて、2019年4月に紅子とあやめが柳都振興から独立した。柳都振興で育ち、「一本」になった芸妓がこれで3人になった。置屋「はつ柳」を興した紅子に聞いた。

「独立で、別に何が変わったわけではありませんが、支払いから何から全部自分でやらなければなりません。お姐さん方の大変さがよくわかりました。それに、柳都さん（柳都振興）のありがたみを知りました」

電話の向こうから聞こえる紅子の声は、以前よりずっと艶やかで、そして朗らかに響いた。電話の声それだけで、紅子に大きな変化があったように感じられた。

「私は入ったころから劣等生でした。踊りもなかなか上手にならなくて、お師匠さん泣かせでした。いまだってそう。三味線も踊りも長唄も鳴り物もやればやるほど難しい。私は習い事をした経験もなく、高校のころはアルバイトばかりしていました。柳都に入ったのも、大学に入る資金を貯めたいと思ったからなんです」

紅子の言葉を借りれば、当初はお座敷に呼ばれる機会も少なく、焦りを感じたという。

「夜8時ころ私だけ先に帰ると、『何でアンタだけ？　みんなまだお座敷だよ』と言われて、行き場がなくてトイレの中で1人2時間くらい過ごした日もありました。お座敷で、お客さまに差し上げた千社札を10枚続けて燃やされたこともあります。『お前みたいなブスは呼んでない』と言われて。以前はそういう厳しいお客さまもおいででした」

言うまでもなく紅子は器量よしだ。白塗りを落とした素顔はまた雰囲気が違い、魅力的だ。かつてパワハラ的な物言いで男たちがストレスを発散していた時代、芸妓は格好の標的だったのだろう。男たちの哀しさがわかれば傷つきもしないが、若い芸妓にとってそうした仕打ちは心に傷を残しただろう。

贔屓筋なら、紅子が読書家で海外ミステリーに造詣が深く、音楽や映画にも詳しいと知っている。ところが、

「本を読む機会が減ったんです」

と紅子がつぶやいた。いまは三業組合の芸能部の仕事も任されている。その忙しさもさることながら、仕事との向き合い方が変わって「本を読む時間が減った」というのだ。

「小学生のころ、私が本や映画に夢中になったのは『現実逃避』もあったのだと思います。家に居づらかったから。中学時代も、尊敬できる大人に出会う機会があまりなかった。それで反抗的なハードロックに心を引かれたのかもしれません」

柳都振興に入り、古町花柳界で過ごし、

「踊りの市山七十郎師匠をはじめ尊敬できる大人の方々にたくさん出会った」

いまは尊敬できる大人に囲まれて日々生きている。だから、現実逃避をする必要がなくなった。そのことに遅まきながら気がついた。

「最近やっとなんです。人に見えないところでがんばろう。そう思うようになりました。

何でもっと若いころに気づかなかったんだろうと思います」

磨いた芸を披露する古町芸妓の発表会「華つなぐ道」

42

《共に創る》
客と一体 ライブ会場に

今回の取材を通して、改めて気づかされたことがある。それは「古町芸妓は眺めるだけの対象ではない」、お座敷は見に行くだけの場所でなく「客が自ら参加し、一緒に創り上げる参加型のライブ会場なのだ」ということだ。

芸妓に対するリスペクトから、「お座敷は芸を見せてもらう場所」という認識が強かった。踊る人（芸妓）、見る人（客）。そのわきまえが大事だと。お座敷にバリアーはないが、芸妓が踊り、地方が三味線を弾き唄をうたう場所は神聖な舞台。そこに客が酔って踏み入ることは芸への冒瀆だと。ところが、それはイエスでもありノーでもある。演奏者やパフォーマーが立つ舞台と客席がはっきり分かれているのが通常のライブだが、お座敷は違う。境目がない。それこそがお座敷の良さでもあるのだ。

「昔は、自分で唄い踊るお客も多かった。自分の唄で芸妓が踊ってくれる。そりゃ楽しいさ」

教えてくれたのは古町花柳界の長年の理解者で、芸妓衆から「お父ちゃん」と慕われ続ける早福岩男（早福酒食品店会長）だ。

「その代わり、お客も普段から長唄や踊り、三味線なんかも習いに行って、ちゃんと勉強したもんさ。だっけ、新潟の街ん中には習い事のお師匠さんもたくさんおられた。いまはほとんどいなくなっちまったなあ」

その言葉を聞いて、芸妓文化を守り発展させる鍵は「芸妓の育成」だけではないと気付かされた。客自身が学ぶこと、お座敷を楽しむための基本芸能をたしなむことも大事な前提だ。かつて、小唄や民謡は日本人なら誰しも口ずさみ親しんでいた。何もかも西洋化して、普段うたう音楽さえも「洋」が当たり前になって久しい。私たちの日常に「和」を取り戻すこと、そこにこそ芸妓文化復活の本当の意義もあるのではないか。

「私たちは『ゆるキャラ』みたいなものだと思っているので」

あおいが言った時、少し戸惑いを感じた。取材を通してその意味が少し理解できた。

古町芸妓は、芸を磨き、美を磨き、品格を究める高尚な存在だが同時に「一緒に遊べる親しい相手」でもある。その遊びの優雅さ、奥深さを左右するのは客自身の力量や品格だ。そう気付くと、小唄か民謡のひとつは唄えるようになりたいと思った。ネットで探して「十日町小唄」「新潟小唄」など聴くと、聴き覚えがある。西洋音楽にはない心地よさがあり、心の奥から元々秘めた日本人的感覚が目を覚ますような変化に出会う。それぞれ作詞は中山晋平、北原白秋。

♪水の新潟　八千八川

久々に声に出せば何とも優雅で、心の隙間に沁み入る曲調ではないか。

♪ハアサハラショ
ハラショノロンロン

ロシア語を思わせる相の手が、往時の新潟の活況を偲ばせる。こういう文化、こういう感性に包まれた日常を取り戻したい、唄ってみてそう感じた。

《理由》 43
心も向かせる芸へ磨き

ホテルの宴会での一コマ。あおいさんのトークにお客も酔う

「最近、若いお客さまに言われてドキッとしたことがあるんです」

あおいが、真剣な表情で言った。

「なんで俺たち（客）の話を中断してまで、おめたちの踊りを見んきゃだめなんだ?」

お座敷で突き付けられた、ストレートな問いかけ。唄や踊りに興味のない若い客にとって、芸妓の芸は退屈なのだろうか。

せっかく盛り上がった会話を邪魔されたくないと言われて、返す言葉を探した。

「芸事に親しみのない方が増えていますからね。すごく考えさせられました。これからもっと、そういう方々が増えてくるのでしょうね」

あおいはその出来事で二つのことを考えた。

一つは、そんな問いかけをされたとき、客にどう答えればよいのか。

「私たちの踊りは、お座敷のお料理と同じです。幹事さんが手配したおもてなしの一つ。お料理と、料亭さんの設えと、それに私たちの芸。調理人さんたちが修行を重ね、仕込みをしてお料理を振る舞ってくださるように、私たちも日々稽古した芸をお見せする。それが、幹事さんがお客さまに用意したおもてなしの一つなのです」

それでも、

「どう楽しむかは俺たち次第だろ」

と言いたげな客がごくまれにいるようだが、それは客の心得違いというものだろう。ただ飲んで盛り上がりたいなら、お座敷を訪れる必要はない。

そしてもう一つ。あおいが自分の中で考えたこと。

「初めてご覧になるお客さまにも魅力を感じていただけるよう、芸を磨かなければ、それが一番ですね」

それまで賑やかだった酒席の空気が、三味線の音が鳴った途端に一変する。

「お客さまの耳が向いて」

お座敷に改めて芸妓衆が登場し、踊りが始まる。

「次に目が向いて、体が向いて、心まで向いてくださる芸をしたい」

あおいはそう言った。

和の芸を日頃からたしなむお客が大半だった昭和の時代と違って、洋風な生活に染まり、畳に座る習慣もなく、洋楽やダンスの方が当たり前になった現代において、和室で和の音、和の舞に心を寄せてもらうのはすごく難しいだろう。

かつての芸妓衆より、いまの芸妓たちの方がより難しい環境で日々のお座敷を務めているのかもしれない。

欧米風の生き方が当たり前になった現代の日本で、古町芸妓は、普段から和を感じ、和に触れ合って生きる貴重な存在でもある。

「鍋茶屋さんには歩いて行きます。小路を歩き、鍋茶屋さんの門をくぐるとき、紅葉が色づいたなあとか、セミの抜け殻があるとか。季節の移ろいを感じて、しみじみと思うことがあります」

大切な気づきや心の機微を思い起こさせてくれる悦びがそこにある。

44

《美貌》年を重ねてからが勝負

「天職だよねとよく言っていただきます。楽しそうだなと思われるのは、お仕事がうまく行っている証拠ですからうれしいですが、私だって悩みもするし、嫌なこともある……」

あおいがしんみりと言った。嫌なこととは、例えば？ 無粋な客に投げかけれられる心ない言葉などかと想像しながら尋ねると、あおいの答えは全然違った。

「己ができていないのを実感するとき。稽古ができていない、知識がない、気遣いが足りなかった……。いまでもよくお姐さんや女将さんたちに怒られます。いえ、怒られればまだマシです。お客さまから、あいつもう呼ばないって、ずっとご贔屓にしてくださっていたお客さまからなかなか呼んでいただけなくなって、後でそれに気づくとき、私は何か失礼なことをしたのだろうか？ 単純に、若い子の方が好き、ほかに贔屓の子ができたという理由かもしれないけれど、私は自分に原因があったのかと考えます」

柳都振興の後輩たちの成長が、最近とみに著しい。「みんな、すごくがんばっている」。一緒にお座敷を務める若い芸妓の成長は頼もしいしうれしい。だが、焦りもするという。

「芸妓は顔だけじゃ売れません。最初は売れても、それだけで継続はできない。容姿は衰えます。だから『いい顔』にならないと。日々をよく過ごせているか、物事を謙虚に受けとめているか、人生が顔に出ます。顔立ちではなく、いい顔に育てていきたい」

お姐さんや女将さんから、ストレートに言われることもある。

「アンタも、いつまでも若くねえっけね。芸事、がんばんなよ！」

その言葉をかみしめて、あおいはこう考えている。

「芸妓には、がんばった後に残るものがある。美人と呼ばれるより、『いい顔になったね』と言われたい。年を取ってからが勝負。いい顔の人って、周りにいる人が違う。まとっている空気も違います」。あおいの頭に浮かぶのは、JR東日本デスティネーション・キャンペーンの撮影で一緒に仕事をさせてもらった女優の吉永小百合だ。

「ご苦労もいろいろあったと思う。周りの嫉妬もあって当たり前。でも、すごくいいお顔だった。お品がよくて、年下の私たちにもきちんと『吉永小百合です』と丁寧に名乗ってくださった。大女優になっても普通に挨拶ができるってすごいと思いました。それに、撮影スタッフの吉永さんに対する愛情が深くて驚きました。リハーサルが緻密だし、吉永さんが着られるスーツの色が引き立つように、私たちの着物の色も事前に選びに来られました」

年を取ってからが勝負……。

「そのために、あおいの名前をつけたんです。花の名前じゃないでしょ。葵は葉っぱとか木の方が有名。葉っぱを茂らせる常緑樹。初心を忘れずがんばりなさいという意味です」

あおいとともに、客である私たちも一緒に成長する未来が楽しみになった。

「『いい顔になったね』と言われたい」というあおいさん

てらしま外科・内科
クリニック
院長 寺島哲郎
新潟市中央区万代3-1-1 新潟日報メディアシップ3F

よろこびがつなぐ世界へ

キリンビール株式会社 新潟支社
支社長 内田正彦
新潟市中央区東大通一丁目2番23号
(北陸ビル4階)
電話 (025)245-2321

新潟愛
プロジェクト
NIIGATA "AI" PROJECT

電気設備  設計施工
第一電設工業株式会社
代表取締役社長 吉田 徳治
● 本 社 〒950-0911 新潟市中央区笹口3丁目15番1
TEL (025) 241-1133 FAX (025) 241-1216
● 事業本部 〒950-0141 新潟市江南区亀田工業団地1丁目3番25号
TEL (025) 382-5151 FAX (025) 382-5100
● URL https://www.ichiden.co.jp/

私たちは地域のよりよい生活空間を提案します

日本文化の総合芸術
古町芸妓と
柳都・新潟の経済・文化の
発展を応援します

日本の文化を大切に
大正琴 琴源
琴源 YouTube
第59回新潟市芸能まつり メインステージより『新潟小唄』

Asahi
スーパードライ
史上最高の
うまさ。
350ml
ビール ストップ！20歳未満飲酒・飲酒運転。アサヒビール株式会社 お酒

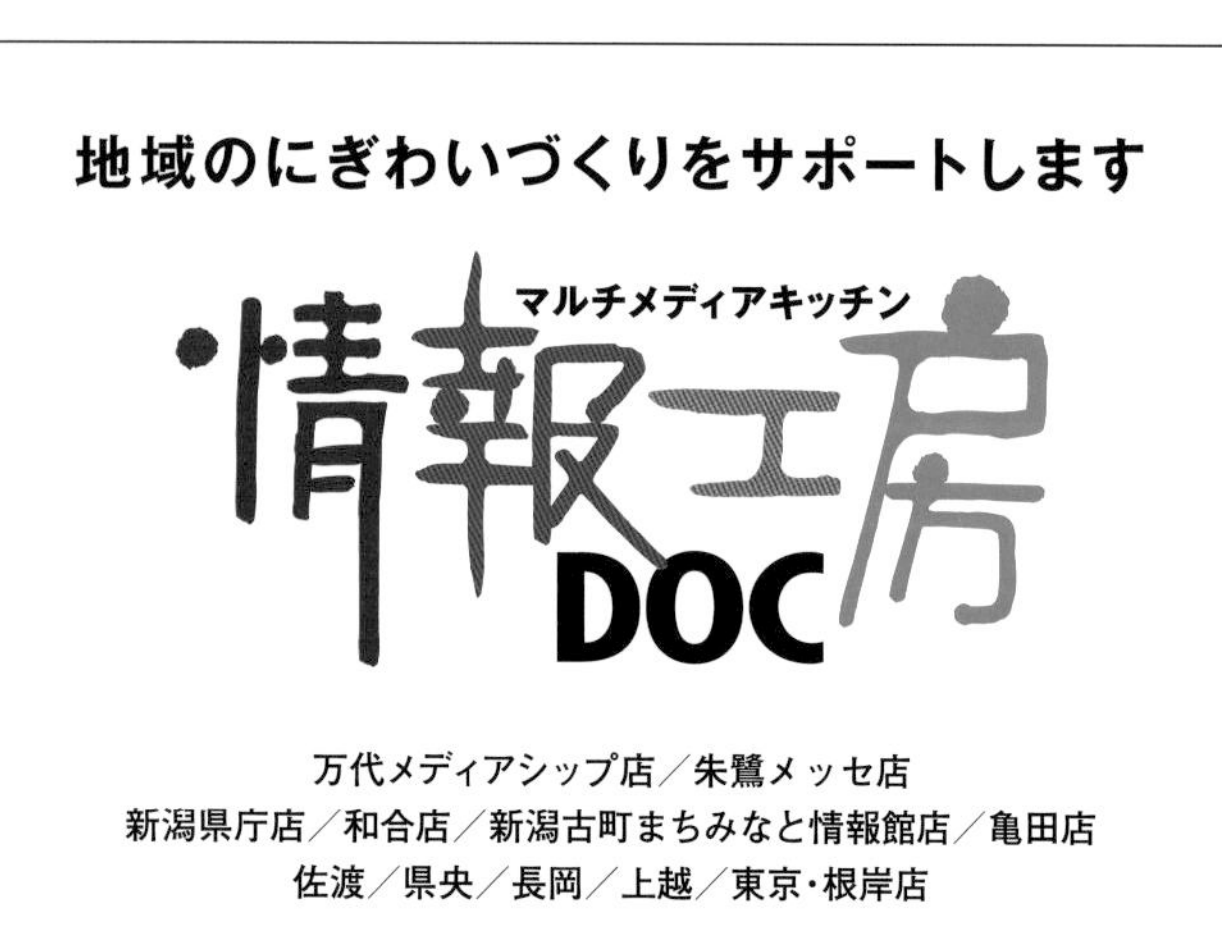
地域のにぎわいづくりをサポートします
マルチメディアキッチン
情報工房
DOC
万代メディアシップ店／朱鷺メッセ店
新潟県庁店／和合店／新潟古町まちみなと情報館店／亀田店
佐渡／県央／長岡／上越／東京・根岸店

創業昭和六年
ふっくらと
甘く懐かしく
越後名物
笹だんご
ふるさとの味、越後の香り
田中屋本店

有限会社 シンクエンジニアリング
代表取締役 高橋 義博

本社 新潟市東区小金町1丁目14番27号
TEL025-270-5733

株式会社 塗装内田組
TOSOU UCHIDAGUMI
代表取締役 内田 仁

新潟市北区太夫浜4023-20 TEL025-278-2112
URL http://www.tosou-uchidagumi.com/

ユナイテッド法律事務所
United Law Office
代表弁護士 中村 崇

弁護士法人ユナイテッド法律事務所
〒951-8056
新潟市中央区花町2069番地 新潟花町ビル6階
TEL(025)211-4777

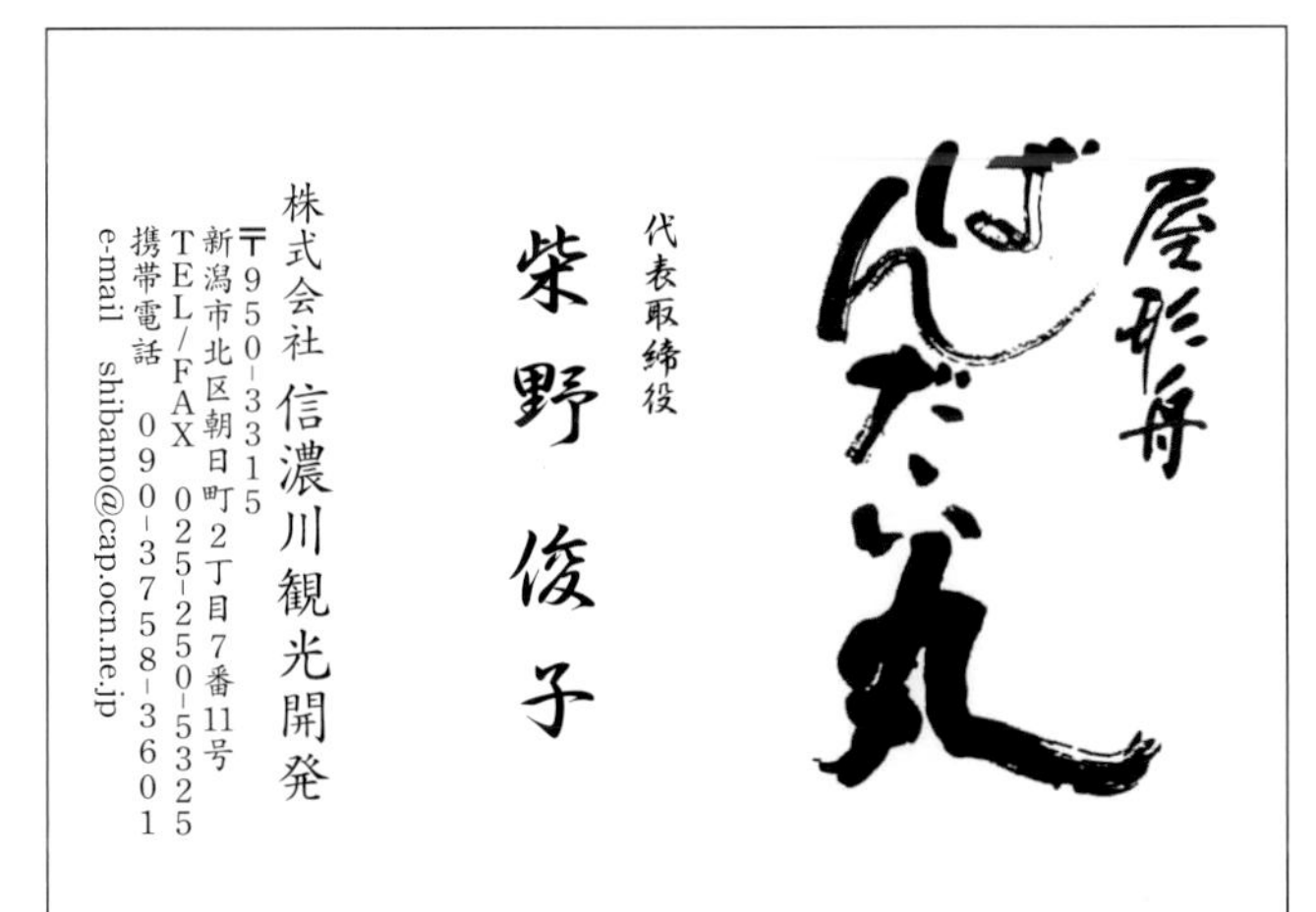

留袖お披露目
結衣さんに聞く

結衣さん 今年から留袖に

古町芸妓のひとり結衣が、2021年1月から「留袖さん」になった。

花柳界で「振袖から留袖に替わる」ことは、大きな転機と成長を意味する。着物が華やかな振袖から落ち着いた留袖に代わり、日本髪も桃割れから中島田に代わる。

「初めて中島田の髪をつけたとき、（鏡に映った自分を見て）誰だろう？ と思いました。お化粧も少し変えたので」

結衣が笑う。それほど印象が違った。

「留袖になると踊り方もガラッと変わります。振袖は踊りも所作も可愛らしい感じですが、留袖は大人っぽさが大事です」

実は結衣は、「できるだけ振袖でいたかった」。振袖への恋心のようなものがあった。そのため2020年春、同期の菊乃と一緒に留袖を勧められたときは辞退した。ところが、この年の秋になって、心境の変化が起こった。

「1月に留める（留袖になる）と決めたのは、去年の10月でした。コロナの問題があってお座敷も少なくなり、世の中も自分の気持ちも暗くなりがちでした。心機一転、明るく変わるきっかけが欲しかったのです」

留袖になれば、お座敷での役割も変わる。若い振袖さんを導き、〈お座敷を回す〉配慮も必要だ。三味線や唄などの地方を務める機会も多くなる。結衣はお稽古事ではどれがいちばん好きなのだろう？

「私は欲張りなので、みんな好きです。地方さんは楽しい。でも難しい。三味線も、ただ弾くだけでなく、気持ちよく唄っていただく配慮が必要ですし、踊りの間もあります。ひとつの踊りの芯になるような弾き方ができるには、たくさん稽古が必要です」

修行の道は続く。最後に、先輩あおいの印象を尋ねると、結衣は言った。

「花柳界に入るべくして入った方だなあと感じます。明るくて、華やかで」

そうつぶやく結衣の声を聞きながら、タイプは違うけれど、結衣もまた古町花柳界にはなくてはならない存在になっている、さらになって行くだろうと感じた。

留袖姿の結衣さん

結衣さん最後の振袖姿。
地方はあおいさん（2020年12月23日）

古町花柳界ガイド

古町の歴史

みなとまち新潟に残る おもてなし文化

新潟は江戸時代から北前船の西廻り航路の寄港地として発展しました。明治以降も、政財界の中心人物や文人墨客、あらゆる分野の要人たちに愛される日本海側随一の文化都市です。彼らを迎えたのは、古町を中心に栄えた数々の料亭と、全国でも誉の高い芸妓衆でした。新潟古町芸妓の評判は全国に鳴り響き、京都・祇園、東京の赤坂、新橋と並び称されたほどです。最盛期には400人を超える芸妓衆が揃っていました。古町芸妓の衣装や髪飾りの華やかさは、祇園や新橋をも凌駕すると評判でした。芸の確かさ、美しさ、加えて港町ならではの気さくなおもてなしが、古町芸妓の格別な魅力です。

料亭も芸妓もいまは数こそ少なくなりましたが、その充実ぶりは輝きを増しています。庭園が美しく、日本を代表する料亭建築をいまにとどめる行形（いきなり）亭、鍋茶屋。二軒の料亭は、古町花柳界の象徴的な存在です。古町芸妓の気品と風格、気さくさは受け継がれ、いまも新潟のおもてし文化を担っています。

古町花柳界で活躍する総勢25名の芸妓さん（新潟商工会議所提供）

芸妓さんを呼ぶには

一見さんでも歓迎 まずは料亭にご相談を

古町花柳界は初めてのお客様（一見（いちげん）さん）も歓迎してくれます。芸妓さんを呼びたいときは、76ページに掲載されているお店（新潟三業協同組合加盟店）の一覧から選んで連絡しましょう。席の予約をすれば、芸妓さんの手配も料亭がしてくれます。

芸妓さんを何人呼びたいか、特定の芸妓さんの希望があれば併せて相談してください。人気芸妓さんは先約があって希望が叶わないこともあります。

かかる費用は、席料を含むお料理代と飲料代、それに花代（芸妓さんへの謝礼）です。花代は古町地域の加盟店であれば、芸妓ひとり1時間11,550円です（別途交通費がかかります）。

芸妓さんの踊りを見せてもらうには、地方（じかた）さん（三味線と唄）が必要ですから、最低2人、できれば3人はお願いしましょう。詳しいことは、相談すれば親切に助言してくれます。

どのお店を選べばいいか迷った場合は、新潟三業協同組合に相談する方法もあります。

柳都振興の紹介

地元財界人が救った 古町花柳界存続の危機

昭和40年代に入って日本社会の欧米化がいっそう進み、夜の社交の風景も大きく変化しました。女性の職場が大幅に増えた影響もあり、芸妓の数は減少の一途をたどりました。新しく芸妓になる若い女性がひとりもいない、そんな状況が20年間も続きました。

このままでは古町花柳界は消滅してしまう……。危機感を募らせた地元財界人たちが、「自分たちで若い芸妓を支援し育てよう」と設立したのが柳都振興株式会社です。

1987（昭和62）年12月、地元ばかり80社が出資し、芸妓さんの育成と派遣を行う会社を作ったのです。全国の花柳界でも初めての試みでした。

高卒以上の女性たちを対象に公募し、入社後に日本舞踊、三味線などの稽古を重ねます。毎年2人前後の新人がデビューしています。すでに創業33年を重ね、現在、振袖さんが9人、留袖さん3人。柳都振興から独立して一本になった芸妓さんが3人、お姐さんが10人、計25人が活躍しています。

料亭紹介

古町花柳界ガイド

お座敷を体験してみよう

行形亭 いきなりや

江戸時代中期の創業で、300年以上の歴史のある料亭。2,000坪を超す庭は築山や古木、草花など四季折々の表情を見せてくれる。趣向を凝らした離れの客室で季節の食材を使った会席料理を味わうことができる。

住◎新潟市中央区西大畑町573　☎025(223)1188　営◎11:30~14:00、17:00~21:30　料◎昼8,000円~、夜14,000円~　予約◎要　休◎日、祝(10名以上の予約で昼のみ営業)

ホテルイタリア軒 割烹螢 かっぽうほたる

明治7年創業の新潟老舗ホテル、ホテルイタリア軒直営店。新潟ならではの旬の食材を使った趣ある割烹料理を堪能できる。客室は数奇屋造りの洗練された佇(たたず)まい。宴会から少人数の会食まで対応可能。

住◎新潟市中央区西堀通七番町1574　☎025(224)5128　営◎11:30~14:00、17:30~21:00　料◎昼2,000円~、夜7,000円~　予約◎要　休◎不定休

金辰 かねたつ

80年続く割烹。旬の食材を使った日本料理がいただける。落ち着いたお座敷で、手の込んだ料理とこだわり抜かれた器が楽しめる。お食事処「茶はん」では、しんじょう揚げとは異なるオリジナル料理「揚しん」が名物。

住◎新潟市中央区西堀前通9番町1535　☎025(222)4808　営◎11:30~15:00、17:00~22:00　料◎昼4,000円~、夜6,000円~　予約◎要　休◎日、祝

きらく One O One きらく わん おー わん

料亭として古町でも歴史があるきらくが、新しい形式の割烹にリニューアル。ハンバーガーやスライダー、ディープディッシュピザなどアメリカンなメニューが並ぶ。お座敷でも和洋折衷のコース料理が提供される。

住◎新潟市中央区西堀前通8番町1513　☎025(367)7390　営◎18:00~25:00　料◎5,000円~　予約◎不要　休◎日

寿々むら すずむら

料理は仕出し店からの取り寄せとなる、新潟で唯一の「お茶屋」形式のお店。昭和初期の建築で昔ながらの風情が残る。掘りごたつの客室もあり、ゆったりとした時間をすごせる。2次会のみ利用も受け付ける。

住◎新潟市中央区古町通9番町1484　☎025(229)4020　営◎17:00~23:00　料◎1次会13,000円~、2次会5,000円~　予約◎要　休◎土曜、日曜、祝日(応相談)

大丸 だいまる

明治18年の創業以来受け継がれてきた新潟沖・佐渡沖の魚介類を用いた日本料理でおもてなし。新潟の地酒からワインなどの飲み物まで取り揃(そろ)えている。席は個室、テーブル席、掘りごたつなどあり、状況に合わせて利用可能。

住◎新潟市中央区古町通9番町1482　☎025(222)8153　営◎17:00~22:00　料◎10,000円~　予約◎要　休◎日、祝

やひこ

創業昭和13年。海の幸から山の幸、郷土新潟の味を昔ながらの趣あるお座敷でいただける。一階のすたんどでは旬の食材を使った一品料理やおまかせ料理があり、一人でも気軽に立ち寄ることができる。

住◎新潟市中央区東堀通9番町1396番地　☎025(222)6208　営◎17:00~22:30　料◎7,000円~　予約◎要　休◎日、祝

一〆 いちしめ

創業明治5年、ウナギと釜めしが名物の老舗料亭。代々受け継がれるウナギのタレはもちろんのこと、新鮮な魚介類と旬の味が自慢。お座敷は80名様までの宴会が可能な広間の他、個室もある。

住◎新潟市中央区東堀通9番町1395　☎025(229)1551　営◎11:00~14:00、17:00~21:30　料◎昼6,000円~、夜8,000円~　予約◎要　休◎月曜(応相談)

鍋茶屋 なべぢゃや

創業は江戸末期の弘化3年。170年以上続く全国的に名高い、新潟を代表する料亭。新潟の伝統の味と格式高い建物で贅沢な時間を満喫できる。木造三階建ての本館は文化庁の登録有形文化財。

住◎新潟市中央区東堀通8-1420　☎025(222)6131　営◎11:00~15:00、17:00~22:00　料◎昼11,000~、夜19,000円~　予約◎要　休◎日曜

かき正 かきまさ

現在3代目である主人の祖父が昭和4年に開業。高浜虚子ら多くの文人が訪れたという。初代の出身地の広島産かきや、お店にゆかりのある下関のふぐが名物。お手頃な値段で楽しめる姉妹店「かき忠」も営業。

住◎新潟市中央区東堀通9-1407　☎025(222)8291　営◎16:00~22:30　料◎10,000円~20,000円　予約◎要　休◎日曜

ANAクラウンプラザホテル新潟 割烹 萬代 かっぽうばんだい

全ての部屋から庭を見渡せる贅沢な造り。風情豊かな庭園の草木や花々を眺めながら、新潟の旬の素材を厳選した日本料理を心ゆくまで堪能できる。会席料理の他にも洋食コースを用意している。

住◎新潟市中央区万代5-11-20　☎025(245)3340　営◎11:30~21:00(予約電話は9:00~18:00まで)　料◎昼7,000円~、夜10,000円~　予約◎要(2日前まで)　休◎なし

大善 だいぜん

創業100年を超える割烹。2名から100名まで対応可能な様々な個室を用意。初代から集められた掛け軸や調度品などが各部屋に飾られている。旬の食材を使用した海鮮郷土料理がいただける。

住◎新潟市中央区東堀前通9番町1386番地　☎025(228)1916　営◎11:00~22:00(予約に応じる)　料◎昼3,000円~、夜5,000円~　予約◎要　休◎不定休

※料金は一応の目安です。また、新型コロナウイルスの影響で営業時間の短縮などがございます。詳細は各料亭にお問い合わせください。

2020年、新潟観光コンベンション協会の「観ヨウ! ソノ先ニアル光ヲ」プロジェクトに参加。上段の左からあおいさん、菊乃さん。下段左から千秋さん、志穂さん、咲也子さん、結衣さん

夏の行形亭で
「青簾」を踊るあおいさん

連載を終えて
あおいさんからメッセージ

いままでも、これからも

とても不思議な気分でおります。

この連載を読み返しておりますと、「あおい」が今、古町芸妓としてお座敷を務めさせて貰えている事が、どれだけ幸せなご縁かと改めて気が付きました。

一人一人、関わった全ての人が少しずつ積み重ね、繰り返し、練り上げて行って初めて文化、伝統と呼ばれる。古町花柳界を、新潟の湊町文化の一つとして数えて頂くためにどれだけのお姐さん方、お客様方、またおもてなしの舞台となる料亭などのお出先の方々がいらっしゃったのでしょう。

現代の私達ができる事も、実はとてもシンプルです。師匠について芸を磨き、舞台を整え、お客様を如何におもてなしするかを常に考え続ける。

今までの花柳界と同じ様に。

昔の花柳界のお姐さん方は時代の最先端だったと聞きました。流行に乗り、時代の変化を受け入れ自分達を更に高めたと。

私は、今まさに変化を求められていると思います。多種多様な娯楽、サービスが溢れる中、あえて古町に足を運んでもらう為にどうしたら良いのか。遊ぶなら古町、芸妓を座敷にあげてどんちゃんやるか、なんて方は少ないです。古町芸妓という言葉さえ知らない方も多いでしょう。だからこそ、先達の教えをもう一度勉強しなければならないと思いました。

時代に合わせ変化して吸収する。

私達は、湊町の芸妓です。湊町は新しい物が好きな気がします。でも、残るのは本物だけ。お姐さん方が残してきてくれた気概や、古町独自の芸、おもてなしの仕方を芯として継承しながら、より現代の方々に伝わりやすいよう進化させる。とても難しい事ですが、やり甲斐があります。

あおいの歩く道という題に正直言ってかなり怖気付きましたが、これもチャレンジ。これは私個人のではありません。「あおい」を通して古町花柳界を見ていただく為の物です。この本が皆様にとって古町に親しむきっかけになれば嬉しいです。

私達は、古町芸妓です。

いつでも古町でお待ちしております。

最後に。

市山七十郎お師匠さん、快く取材に応じてくださりありがとうございました。そしてこの連載に関わってくださった全ての方に感謝を申し上げます。

ありがとうございました。

古町芸妓　あおい

新潟日報

私も読んでいます
あなたのまちの情報紙

おとなプラス好評連載
古町芸妓「あおいの歩く道」
待望の出版!!

Otona+
おとなプラス

新潟日報
朝刊に
+プラス 1日約30円(月900円)(税込)

おとなプラスのお申し込みは
お近くのNIC(新潟日報販売店)またはWEBにて

おとなプラスの
テレビCMに出演している
古町芸妓 あおいさん

パソコン・スマホ・タブレットでいつもの新潟日報が読める!

新潟日報 電子版

新聞購読料にプラス 330円(税込) で、ご利用いただけます。初月無料

※イメージ

電子版ならではの
便利な機能
をご紹介

休刊日特別号はじめました!
- 電子版限定で新聞発行を休む休刊日にも配信。
- 県内や国内外の主要ニュース、スポーツの結果、テレビ番組表などを掲載。
- 紙面よりも大きめの活字を使った横組みのレイアウト。

「あっ、見逃した!」大丈夫です。
過去紙面10日分。
連載などのまとめ読みや、
見逃していた記事は
当日から10日前まで読むことができます。

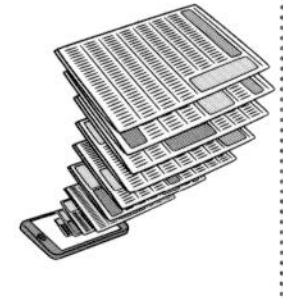

最近、小さい文字が
読みにくくなってきた…
それなら便利な拡大機能!
記事や写真を自分の好きなサイズに拡大。
手のひらサイズで読みやすく。

これからの新聞は、
いつでも。どこでも。
電車の中でも、旅行先でも。
インターネット環境があれば、
いつでもどこでも
気になる記事をチェック。

「新聞届くのまだかな?」
朝刊は午前3時
おとなプラスは午後3時
毎日決まった時間に
最新版を配信します。

写真が
オールカラー
紙面では
モノクロだった写真も
カラーで収録します。

※ここでご紹介するサービスは、宅配している新聞のご購読契約に付随するサービスです。宅配で現在ご契約いただいていない新聞はご覧いただけません。宅配と異なる電子版プランをお申し込みいただいた場合、一定期間後に宅配未契約の新聞は閲覧できなくなります。※電子版購読料は、新潟日報社へのクレジットカードによるお支払いのみとなります。宅配紙面の購読料は、新潟日報販売店にお支払いください。※同居のご家族が電子版を利用する場合、ご家族1人ごとに新潟日報パスポート(ID)の取得が必要となります。

お申し込みは、こちらから

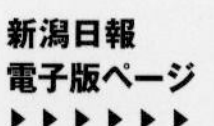

便利な電子版アプリのダウンロードはこちら

◎お問い合わせは
新潟日報社デジタル推進室 TEL.025-385-7168
受付時間/午前9時30分～午後5時(土・日・祝 除く)
新潟市中央区万代3-1-1
詳しくは 新潟日報 電子版 まで
www.niigata-nippo.co.jp

あとがき

《柳都新潟 古町芸妓ものがたり》(ダイヤモンド社)を出版して3年の間に、あの時いた芸妓さんのうち5人が卒業。芸妓文化を発展させる難しさを教えられました。

一方、東京で古町芸妓の話をしても、ほとんどの人が知らない現実に茫然としました。「祇園、赤坂、新橋と並び称される」と話してもなかなか伝わりません。そこで私は引き続き古町花街と古町芸妓の魅力を発信したくて、「おとなプラス」でまた連載の機会をいただきました。今回は、芸妓さんの成長や心情をより具体的にお伝えしたくて、あおいさんに主人公をお願いしました。あおいさんは本当なら話したくないかもしれないプライベートな側面も忌憚なく話してくれました。あおいさんの協力に心からお礼を言います。

そして、新潟日報社の小田敏三社長、高橋正秀専務の並々ならぬ情熱で新潟日報事業社から単行本化が実現しました。この本に出会って「古町のお座敷を訪ねてみたい」「古町花街を自分の大切な場所にしたい」と考えてくださる人が増えたら何よりの喜びです。

私にとっても古町花街は、心の故郷とも呼ぶべき、大切な街になりました。古町花柳界とのご縁をくださったのは新潟銘酒の美味しさを国内外に伝えた功労者・早福酒食品店の早福岩男会長、澄子さんご夫妻です。市山のお師匠さんをご紹介くださり、お座敷も経験させてくださいました。

右から二人目が早福岩男会長、その右に咲也子さん、左に行形亭の行形貴子若女将、いちばん左が筆者

惜しまれて亡くなられた柳都振興の今井幹文前社長との親交も早福さんあってのものでした。早福さんのお口添えがなければ、門外漢の私が古町花柳界のみなさまに親しく迎えていただくことはありえませんでした。心からお礼を申し上げます。

早福さんにはいつも「オレのことは書くんじゃねえろ」と釘を刺されるので本文にはあまり登場しませんが、古町花柳界が健在なのは、早福さんご夫妻のご支援とご献身の賜物です。

花街はもちろん華やかでときめきに満ちた世界です。でも同時に、女性客にとっても垂涎の「和の総合芸術」が楽しめる別天地です。古町花街ならではの和やかさ、奥ゆかしさをぜひ一度、と言わず二度三度、味わってください。

お座敷で古町芸妓の舞いを見詰める早福岩男会長と澄子さんご夫妻

作家・スポーツライター　**小林 信也**

ご協賛社・団体様 一覧

あいおいニッセイ同和損害保険 株式会社 新潟支店
朝日酒造 株式会社
アサヒビール 株式会社 新潟支社
ＡＬＳＯＫ 新潟綜合警備保障 株式会社
株式会社 池田看板
石本酒造 株式会社
株式会社 イタリア軒
イワコンハウス新潟 株式会社
株式会社 ウエスト
株式会社 ウオロク
ＮＳＧグループ
株式会社 ＮＳＴ新潟総合テレビ
株式会社 エフエムラジオ新潟
株式会社 大阪屋
株式会社 カエツ工業
株式会社 加賀田組
株式会社 加島屋
亀田製菓 株式会社
麒麟山酒造 株式会社
キリンビール 株式会社 新潟支社
小泉一樹法律事務所
コカ・コーラ ボトラーズジャパン 株式会社
サッポロビール 株式会社 関信越本部 新潟統括支社
サトウ食品 株式会社
株式会社 里仙
サントリー酒類 株式会社 関東・甲信越支社 新潟支店
ＣＹプレイス 株式会社
株式会社 信濃川観光開発
清水建設 株式会社 北陸支店 新潟営業所
有限会社 シンクエンジニアリング
セコム上信越 株式会社
有限会社 早福酒食品店
株式会社 第一印刷所
第一建設工業 株式会社
第一電設工業 株式会社
株式会社 第四北越銀行
大正琴 琴源
株式会社 鷹国建設
株式会社 田中屋本店
デュプロ販売 株式会社
てらしま外科・内科クリニック
株式会社 テレビ新潟放送網
東光商事 株式会社
株式会社 ＴＯＫＩＯ
株式会社 塗装内田組
株式会社 トップカルチャー
ナミックス 株式会社
公益財団法人 新潟観光コンベンション協会
株式会社 新潟クボタ
新潟県酒造組合
新潟商工会議所
株式会社 新潟第一興商
新潟鉄道荷物 株式会社
株式会社 新潟テレビ２１
新潟万代ロータリークラブ
株式会社 新潟フジカラー
株式会社 新潟放送
日生不動産グループ
日本製鉄 株式会社 新潟支店
日本生命保険相互会社 新潟支社
有限会社 備装　タオクラフト
冠婚葬祭　株式会社 ビップ
株式会社 福田組
藤田金屬 株式会社
株式会社 本間組
株式会社 丸屋本店
ミサワホーム北越 株式会社
三菱ガス化学 株式会社 新潟工場
弁護士法人 ユナイテッド法律事務所
株式会社 リンコーコーポレーション
株式会社 和田商会

（敬称略／50音順）

出版にあたり、ご支援、ご協賛賜りましたこと、厚く御礼申し上げます

柳都新潟　古町芸妓　あおいの歩く道

2021（令和３）年３月３日　初版第１刷発行

著　者／小林信也
発行者／新潟日報社
発売元／新潟日報事業社
〒950-8546　新潟市中央区万代3-1-1　メディアシップ14F
TEL 025-383-8020　FAX 025-383-8028
http://www.nnj-net.co.jp
印　刷／株式会社 第一印刷所

本書のコピー、スキャン、デジタル化等の無断複製は著作権上での例外を除き禁じられています。本書を代行業者等の第三者に依頼してスキャンやデジタル化することは、たとえ個人や家庭内での利用であっても著作権上認められておりません。

© Nobuya Kobayashi 2021, Printed in Japan

定価は裏表紙に表示してあります。落丁・乱丁本は送料小社負担にてお取り替えいたします。
ISBN978-4-86132-764-3